EL LIBRO DE LA MARATÓN

Amat *editorial*

Amat Editorial, sello editorial especializado en la publicación de temas que ayudan a que tu vida sea cada día mejor. Con más de 400 títulos en catálogo, ofrece respuestas y soluciones en las temáticas:

- Educación y familia.
- Alimentación y nutrición.
- Salud y bienestar.
- Desarrollo y superación personal.
- Amor y pareja.
- Deporte, fitness y tiempo libre.
- Mente, cuerpo y espíritu.

E-books:
Todos los títulos disponibles en formato digital están en todas las plataformas del mundo de distribución de e-books.

Manténgase informado:
Únase al grupo de personas interesadas en recibir, de forma totalmente gratuita, información periódica, newsletters de nuestras publicaciones y novedades a través del QR:

Dónde seguirnos:

 | @amateditorial

 | Amat Editorial

Nuestro servicio de atención al cliente:
Teléfono: **+34 934 109 793**

E-mail: **info@profiteditorial.com**

EL LIBRO DE LA MARATÓN

MARC ROIG TIÓ

Amat
editorial

© Marc Roig Tió, 2019
© Big Rights, S.L., 2019
© Profit Editorial I., S.L., 2019
Amat Editorial es un sello editorial de Profit Editorial I., S.L.

Diseño de cubierta: XicArt
© Foto cubierta: Xavier Garcia Vaquero
Maquetación: XicArt

ISBN: 978-84-97354-94-3
Depósito legal: B 19219-2019
Primera edición: Octubre, 2019
Impreso por: Gráficas Rey
Impreso en España — *Printed in Spain*

ÍNDICE

EL ORIGEN DE LA MARATÓN

EL ORIGEN DE LA MARATÓN

LA HISTORIA

Filípides, desnudo y tumbado en el suelo, se esfuerza para levantar la mano derecha, que sujeta una espada y una rama de olivo mientras da la noticia: *«Nikomen»* («hemos ganado»). Así pintó la historia el artista francés Luc-Olivier Merson en 1869. Frente a él, encima del pedestal y sentados en sus poltronas, los arcontes gesticulan con los brazos en poses de sorpresa y de alabanza a los dioses. Alrededor, la muchedumbre se arremolina para conocer la noticia y alguno hay que ya la proclama a los cuatro vientos. En primera fila, una mujer se compadece del soldado y está a punto de auxiliarlo mientras al otro lado un padre protege de la escena a su hija adolescente, que sin querer apartar del todo la mirada espía lo que sucede por el rabillo del ojo.

La leyenda dice que esa fue la última palabra del soldado Filípides. Su vida duró el tiempo suficiente para llegar a Atenas e informar de la victoria sobre los persas en la batalla de Maratón (490 a. C.). La leyenda también cuenta que antes de aquello Filípides tuvo que correr hasta Esparta (240 kilómetros) para pedir ayuda y regresar al campo de batalla de Maratón.

Aunque difícilmente toda la historia de Filípides puede ser cierta, lo que sí ha cuajado es la leyenda. Y no solo en el cuadro de Luc-Olivier Merson; también el poeta Robert Browning le dedicó unos versos en 1879:

> So, when Persia was dust, all cried, «To Acropolis!
> Run, Pheidippides, one race more! the meed is thy due!
> "Athens is saved, thank Pan", go shout!»
> He flung down his shield,
> Ran like fire once more: and the space 'twixt the Fennel-field

And Athens was stubble again, a field
which a fire runs through,
Till in he broke: «Rejoice, we conquer!»
Like wine through clay,
Joy in his blood bursting his heart—the
bliss!

Así, no es difícil imaginar que hacia finales de siglo XIX la leyenda de Filípides estuviera en la cabeza de la aristocracia europea y, en concreto, del filólogo francés Michel Bréal. Este escribió una carta al barón Pierre de Coubertin fechada el 15 de septiembre de 1894 donde expresaba lo siguiente:

Puisque vous allez à Athènes, voyez
donc, si l'on peut organiser une course
de Marathon au Pnyx. Cela aura
une saveur antique. Si nous savions
le temps qu'a mis le guerrier grec,
nous pourrions établir le record. Je
réclamerais pour ma part l'honneur
d'offrir «la Coupe de Marathon».

Sabiendo que Pierre de Coubertin estaba interesado en organizar los primeros Juegos Olímpicos de la era moderna en la ciudad de Atenas en 1896, le propuso que incluyera una carrera desde Maratón a Pnyx (centro de Atenas) como punto de unión con la antigüedad. Y se ofrecía a regalar una copa de plata al ganador de esa carrera. Parece ser que esa idea de la maratón ayudó a convencer a los escépticos griegos: al fin y al cabo, aunque la reinstauración de los Juegos Olímpicos incluyendo a atletas de todo el mundo podía resultar algo poco griego, la rememoración de la victoria de los atenienses sobre los persas poseía una gran carga simbólica.

De todos modos, teniendo en cuenta que el programa olímpico para 1896 incluía como distancia más larga los 1500 metros, el recién inaugurado Comité Olímpico Internacional se aseguró de que la distancia pudiera recorrerse sin poner en peligro la vida de ningún atleta. En este sentido, cuenta Stefano Jacomuzzi en *Storia delle Olimpiadi* que en el mes de febrero de 1896 dos atenienses llamados Grégoris y Yanoulis corrieron de Maratón a Atenas seguidos de varios oficiales a caballo y un buen séquito de curiosos. Aunque Yanoulis fue el primero de llegar a Atenas, afirmó que los últimos 5 kilómetros los había hecho subido a un carromato; Grégoris, que sí recorrió todo el trazado a pie, llegó unos minutos más tarde. La distancia no era mortal; la maratón se podía disputar. Y se disputó en el cuarto día del programa olímpico. Fue el 10 de abril de 1896. El ganador, Spiridon Louis.

¿Por qué la maratón mide 42,195 kilómetros?

Desde sus inicios, la maratón fue una carrera de unos 40 kilómetros (40 km en Atenas 1896; 40,260 km en París 1900; 40 km en San Luis 1904; 42,195 km en Londres 1908; 40,200 km en Estocolmo 1912; 42,750 km en Amberes 1920). Con el paso de las ediciones olímpicas y con la aparición de maratones en varias ciudades del mundo, llegó el momento de establecer una distancia única.

Por decisión tomada en el congreso de la Asociación Internacional de Federaciones de Atletismo (IAAF) en Ginebra en 1921, a partir de ese momento todas las maratones medirían 42 kilómetros y 195 metros (o 26,2 millas). La distancia coincidía con la cubierta en la maratón de los Juegos Olímpicos de Londres 1908, que tiene una historia curiosa detrás.

Por aquella época, diseñar el trazado de una maratón no era tarea fácil. Si ahora se prefiere que las maratones sean lo más céntricas y espectaculares posibles, entonces se buscaban rutas secundarias y se evitaba el centro de las ciudades, con su tráfico y sus callejuelas ideales para atajar (en París 1900 fueron numerosas las sospechas a este último respecto y en San Luis 1904 el denso tráfico creó problemas respiratorios a más de uno). Por esta razón, se pidió al club de corredores Polytechnic Harriers (ya expertos en organizar carreras de ultrafondo como la Londres-Brighton) que se animara a diseñar un circuito que serviría tanto para seleccionar al equipo británico como después para los Juegos Olímpicos.

Dado que los trials del equipo británico se celebraron el 25 de abril, fecha en que el estadio olímpico (White City Stadium) todavía no estaba terminado, la llegada se estableció en el parque de Wembley, mientras que la salida se propuso en el parque de Windsor. Se imponía de nuevo un circuito lineal como en Atenas 1896, a diferencia de

las rutas circulares de París 1900 y San Luis 1904. La distancia sumaba 21 millas para los trials y 26 para la cita olímpica (que terminaría ya en el estadio). Sin embargo, el día de la maratón olímpica, la salida no se produjo en el parque de Windsor, sino en los jardines del castillo de Windsor, lugar de veraneo de la familia real británica. Este cambio iba a permitir a los niños de la realeza poder ver la salida, al tiempo que sumar la atípica distancia de 42 kilómetros y 195 metros. O 26 millas y 385 yardas.

MARATONIANOS ILUSTRES

Spiridon Louis
(12/01/1873 - 26/03/1940)

El pastor de 23 años escenificó a la perfección la fábula de la liebre y la tortuga. Sin aparente experiencia en el atletismo, pero curtido por su trabajo y su casi terminado servicio militar, entendió que no hacía falta ser muy rápido al comienzo para ganar la maratón. En la línea de salida de la primera maratón olímpica había 17 atletas, entre los que destacaban el francés Albin Lermusiaux, el australiano Edwin Flack y el americano Arthur Blake. A diferencia de Spiridon Louis, todos ellos habían participado en las carreras más cortas: Edwin Flack había ganado los 800 y los 1500 metros; Albin Lermusiaux fue bronce en los 1500 y renunció a la final de los 800 pese a haber ganado su semifinal, y Arthur Blake ganó la medalla de plata en los 1500.

Con la salida programada a las dos de la tarde, los atletas más valientes fueron los primeros en sufrir el calor ateniense. Al paso de la media maratón, las crónicas cuen-

tan que el líder era Lermusiaux seguido de Flack, Blake, el húngaro Gyula Kellner y el griego Ioannis Lavrentis (otras fuentes lo citan como Georgios Lavrentis), con Spiridon Louis en sexto lugar. Blake se retiró en el kilómetro 23; Lermusiaux, en el 32, cuando ya había sido superado por Flack, y Flack a unos 3 kilómetros de la línea de meta después de desfallecer cuando corría codo con codo con Spiridon Louis.

Después de esa victoria y tras recibir la prometida copa de plata, Spiridon Louis no volvió a competir y se dedicó a su carrera de policía y granjero. Como quien no quiere darle más valor al simple hecho de ir corriendo desde Maratón hasta Atenas.

Emil Zátopek
(19/09/1922 - 22/11/2000)

Apodado «la locomotora humana», fue el primero (y único por ahora) capaz de ganar los 5000, los 10 000 y la maratón en unos mismos Juegos Olímpicos. Lo logró en el verano de 1952 en la capital finlandesa de Helsinki. Se trataba de su primera maratón.

Un año antes ya había batido el récord del mundo de la hora, convirtiéndose en el primer atleta en superar los 20 kilómetros (19,558 km el 15 de septiembre y 20,052 km solo dos semanas más tarde), mientras que

en los anteriores Juegos Olímpicos, los de Londres 1948, ya había conseguido la medalla de oro en los 10 000 y la de plata en los 5000. Es decir, no era tan desconocido como Spiridon Louis el día en que se convirtió en campeón olímpico.

Su estilo era agónico: balanceaba el cuerpo a derecha e izquierda al tiempo que su cabeza dibujaba el movimiento contrario para guardar el equilibrio; los brazos, altos, parecían dar puñetazos al aire, y su boca, abierta y gesticulando, masticaba el aire. Pero su ritmo era inaccesible para los rivales. De hecho, cuenta la leyenda que durante la maratón de Helsinki 1952, mientras corría al lado del favorito, Jim Peters (el poseedor del récord mundial de maratón), se produjo el siguiente diálogo:

—Jim, tú que eres un experto en correr maratones, ¿qué tal es el ritmo que llevamos?
—Bueno, vamos despacito —contestó Jim Peters, que quería desmoralizar a Zátopek: el ritmo que llevaban le estaba costando lo suyo a Jim.
—Ya me lo parecía a mí —dijo Emil Zátopek antes de acelerar el ritmo y dejar sentado a un Jim Peters que acabó por retirarse algunos kilómetros después.

Su figura estará siempre relacionada con la aparición del entrenamiento interválico. Copiando o inspirándose en el finlandés Paavo Nurmi, Zátopek solía trotar largas distancias a ritmo suave y añadir repeticiones de 200 o 400 metros con recuperación activa al finalizar. Eran los comienzos del *fartlek*.

Si quieres saber más sobre EMIL ZÁTOPEK y pasarlo bien leyendo una biografía ficcionada, te recomiendo *Correr*, de Jean Echenoz (Editorial Anagrama, 2010). Te descubrirá al héroe que hay detrás de las medallas, porque lo más impresionante de este atleta no fue lo que consiguió corriendo.

Abebe Bikila
(07/08/1932 - 25/10/1973)

El corredor descalzo que puso Roma a sus pies. El primero en repetir triunfo olímpico con su victoria en Tokio 1964. El que ganó un frigorífico Fagor en la maratón de Zarauz de 1966 y lo llevó a Etiopía, donde quizá nunca fue conectado.

Alto y delgado, era un soldado de élite del emperador Haile Selassie. Por aquel entonces, el deporte ya era considerado un arma de propaganda y Etiopía no quería quedarse atrás. Los mejores soldados eran también los mejores deportistas. Y el mejor entrenador, el sueco Onni Niskanen, era el encargado de trasladar la teoría del entrenamiento aprendida en Europa hasta el corazón de África. Contratado primero como trabajador de la Cruz Roja, sus conocimientos en materia de deporte le auparon al puesto de encargado de la preparación física del país, empezando por formar a los profesores de las escuelas y acabando por entrenar a las fuerzas especiales del emperador.

El recuento de las maratones que corrió Abebe Bikila no es fácil porque algunas de ellas fueron en Etiopía (pruebas de selección para participar en los Juegos Olímpicos). Si obviamos estas, el currículum del etíope es casi inmaculado:

- 1960: Juegos Olímpicos de Roma (1.º)
- 1961: Atenas (1.º), Kake Biwa Mainichi, Japón (1.º), y Košice, Eslovaquia (1.º)

- 1963: Boston (5.º)
- 1964: Juegos Olímpicos de Tokio (1.º)
- 1965: Kake Biwa Mainichi, Japón (1.º)
- 1966: Zarauz, España (1.º), y Seúl, Corea del Sur (1.º)
- 1967: Zarauz, España (retirado)
- 1968: Juegos Olímpicos de México (retirado)

Pero la desgracia se cebó con un personaje tan grande: el 22 de marzo de 1969, un grave accidente de coche lo dejó parapléjico. El emperador lo hizo trasladar a Gran Bretaña para recibir el mejor tratamiento posible durante ocho meses, pero la mejora no fue suficiente. Su salud empeoró poco tiempo después y falleció de una hemorragia cerebral a la temprana edad de 41 años.

Kathrine Switzer
(05/01/1947)

A veces resulta complicado determinar quién fue la primera persona en conseguir alguna gesta concreta. Es precisamente lo que ocurre con la primera mujer que corrió una maratón. Existen demasiados matices como para establecer una pionera, aunque Kathrine Switzer tiene casi otorgado el premio.

Esta mujer, nacida en Alemania pero de familia estadounidense, fue la primera en correr una maratón (al menos, con un dorsal en el pecho y, por lo tanto, apareciendo en las clasificaciones). Sucedió en la maratón de Boston de 1967.

Son famosas las fotos en las que un oficial intenta retirarla de la carrera (por aquel entonces estaba prohibido que las mujeres corrieran maratones), mientras el novio de Kathrine, lanzador de martillo para más señas, de un empujón lo manda al suelo.

Kathrine pudo participar gracias a que se apuntó usando sus iniciales K. V. Switzer, que no dejaban entrever que se trataba de una mujer. Un año antes, Roberta Gibb (conocida también como Bobbi Gibb), tras ver rechazada su solicitud para participar, y a modo de protesta, había corrido la maratón de principio a fin aunque sin dorsal en el pecho. La finalizó en 3h21'40". Así lo hizo de nuevo en 1967, cuando acabó una hora antes que Kathrine, pero sin generar tanto revuelo.

La revolución femenina en la maratón se estaba gestando, pero su participación no se haría oficial en Boston hasta 1972. Sin embargo, cada año aparecían más y más mujeres corriendo sin dorsal por las carreteras de la ciudad americana. En cualquier caso, la respuesta a cuál fue la primera mujer en correr una maratón sigue sin ser definitiva.

Según la IAAF, la primera había sido Violet Percy, de Gran Bretaña. Se dice que corrió la Polytechnic Marathon de 1926 en 3h40'22".

No obstante, para poner en perspectiva la marca conseguida por Roberta Gibb en 1966, valga decir que la IAAF considera como récord del mundo en 1963 la marca de 3h37'07" lograda por Merry Lepper en la desaparecida Western Hemisphere Marathon de Culver City, California, que permitiría a las mujeres correr junto a los hombres a partir de la edición de 1971.

Así pues, Kathrine Switzer no ha pasado a la historia por ser la más rápida en correr la maratón (ni tampoco la primera), pero sí por hacerlo con un dorsal, cumpliendo todos los requisitos para que se la tuviera en cuenta. Y la historia la ha tenido en cuenta. Tanto, que su número 261 es hoy sinónimo de la inclusión de la mujer en el deporte, y una maratón exclusivamente femenina

Si quieres saber más sobre KATHRINE SWITZER y la historia de la maratón de Boston de 1967 contada por ella misma, debes leer *Marathon Woman*.

celebrada en Mallorca recibió el nombre de 261 Women's Marathon, en cuya edición inaugural contó con Kathrine Switzer como invitada de honor.

Joan Benoit
(16/05/1957)

Aunque algunas maratones americanas ya aceptaban a corredoras en la década de los 70 —en España se dio el pistoletazo de salida para las mujeres en la de Palafrugell de 1978—, la burocracia del Comité Olímpico Internacional siempre se ha caracterizado por adaptarse muy lentamente al progreso. Por ello, no fue hasta los Juegos Olímpicos de Los Ángeles 1984 cuando el programa incluyó la categoría femenina en la prueba de maratón. Y ya era hora.

Un año antes, en 1983, se había celebrado el primer campeonato del mundo de atletismo en Helsinki, incluyendo la maratón en categoría femenina. Su ganadora, Grete Waitz (Noruega), era un portento de la época. Corredora de pista en sus primeros años y campeona del mundo de cross en cinco ocasiones (1978, 1979, 1980, 1981 y 1983), fue invitada a la maratón de Nueva York de 1978 y la ganó con récord del mundo incluido: 2h32'30". De hecho, ganaría la maratón de Nueva York en 9 ocasiones (1978, 1979, 1980, 1982, 1983, 1984, 1985, 1986 y 1988). Sin embargo, fue segunda en la primera maratón olímpica.

La pequeña Joan Benoit (157 centímetros y 45 kilogramos) llegó a los Juegos Olímpicos de Los Ángeles con el récord del mundo de la distancia (2h22'43", Boston 1983), aunque los estadísticos que ponen asteriscos a las marcas de Boston por no cumplir la normativa de la IAAF sobre circuitos lineales tenían a la noruega Ingrid Kristiansen (2h24'26", Londres 1984) como poseedora del récord.

El caso es que, cuando se dio el pistoletazo de salida en Los Ángeles, no había una clara favorita a la victoria sino un buen elenco de mujeres dispuestas a ganar el primer oro olímpico. Pero fue Joan Benoit quien, al cabo de solo 5 kilómetros de carrera, decidió que el ritmo era demasiado lento y se aventuró a una cabalgada en solitario contra el calor y la humedad de la Costa Oeste de Estados Unidos. Sudorosa pero exultante de felicidad, cruzó la línea de meta en 2h24'52", un minuto y medio antes que la noruega Grete Waitz.

Paula Radcliffe
(17/12/1973)

La supremacía africana en las carreras de fondo todavía tiene un hueso duro de roer con la británica Paula Radcliffe. Es la poseedora del récord mundial femenino de maratón (2h15'25") desde 2003. Y no parece que dicho récord esté temblando por ahora.

Paula es un prodigio de la naturaleza y un producto perfectamente estudiado desde sus primeros años como atleta. El fisiólogo Andrew Jones, que la observó durante más de 15 años, ha publicado extensamente la progresión que logró en términos de rendimiento. Esta característica es poco habitual entre los corredores de alto nivel, bien porque casi nunca pisan un laboratorio de ciencias del deporte, bien porque, si lo hacen, nadie quiere revelar sus resultados.

El caso es que Paula posee el récord del mundo de maratón, fue campeona del mundo de cross tanto en categoría júnior como en sénior (en esta última, dos veces) y campeona del mundo de maratón y de media maratón (por triplicado). Lo único que le faltó para ser la chica perfecta fue la medalla en unos Juegos Olímpicos, pero esto quizá se le escapó por un tema relacionado con la termorregulación en un entorno caluroso para un cuerpo relativamente grande (lo que se explicará más en detalle cuando se hable de correr con calor extremo; véase, a este respecto, el apartado «Calor extremo», al final del capítulo 2, «Entrenamiento de maratón»). A los Juegos Olímpicos de Atenas 2004 llegaba encarrilada. Había debutado en maratón en Londres (2002) con 2h18'55", y se había quedado a solo ocho segundos del récord del mundo de la keniana Catherine Ndereba. Consiguió el récord del mundo unos meses más tarde en Chicago con 2h17'18" y lo mejoraría de nuevo en Londres (2003) con los famosos 2h15'25". Ese año, en otoño, se proclamó campeona del mundo de media maratón en Vilamoura (Portugal); era su tercera medalla de oro en la distancia, pero llegó a Atenas y se desinfló. Con lágrimas en los ojos y una impotencia enorme, se detuvo en el kilómetro 36.

Ahora, ya retirada, es una comentarista habitual de la BBC para las competiciones televisadas de atletismo y, como no podía ser de otra manera, cuenta con una autobiografía, titulada *Paula: My Story So Far*.

Cuerpo maratoniano

Guste o no, el cuerpo de una persona define en gran medida sus posibilidades de correr una maratón, especialmente de correrla rápido. De hecho, existe una rama de la ciencia que se dedica al estudio de las medidas corporales: la antropometría.

En general, el maratoniano suele ser más delgado que el velocista, algo que en antropometría se categoriza como ectomórfico. Aunque parezca un insulto, su definición es la de un cuerpo con extremidades largas y escasez de músculo. El velocista, en cambio, es mesomórfico: musculoso y sin acúmulo de grasa.

Aunque el maratoniano tenga las extremidades alargadas, su altura rara vez supera los 170 centímetros, porque a mayor altura, mayor dificultad para refrigerar el cuerpo. Uno de los factores limitantes a la hora de correr es el incremento de la temperatura corporal, motivo por el que el cuerpo suda. Por esta razón, cuanto más pequeño sea el cuerpo, más fácil será refrigerarlo.

No obstante, esto no significa que el mejor maratoniano sea el más bajito. Es preferible no ser alto, pero, dentro de los bajos, será mejor el que tenga las piernas más largas. De hecho, la proporción ideal es la de piernas largas y torso pequeño, para tener una zancada larga y fluida sin cargar mucho peso ni volumen. Y también es importante tener la cadera estrecha (esto es de vital importancia entre las mujeres que corren).

El peso y el volumen de las extremidades también juegan un papel importante a la hora de correr de manera económica. Cuanto más delgado y largo sea el tendón de Aquiles, menor fuerza se necesitará para avanzar la pierna y mayor energía se podrá acumular para rebotar con el suelo.

MARATONES CON HISTORIA

BOSTON, Estados Unidos
(tercer lunes de abril)

Si existe una maratón especial en el mundo, esta es la de Boston. Es especial porque es la más antigua (nació en 1897, justo al año siguiente de los primeros Juegos Olímpicos de la era moderna), se celebra en lunes (coincidiendo con el Patriot's Day, el tercer lunes del mes de abril), fue donde Kathrine Switzer se convirtió en la primera mujer en correr una maratón, los participantes necesitan acreditar un tiempo mínimo según su edad para poder participar [ver tabla adjunta], ha soportado un atentado en su misma línea de meta y sus tiempos no son válidos como récord del mundo porque incumple dos requisitos de la IAAF: tiene un desnivel total favorable mayor al 1 por 1000 (140 metros entre la salida y la llegada) y es un circuito lineal con una separación entre salida y llegada mayor al 50% de su distancia total (lo cual puede beneficiar demasiado si existe viento de cola).

Quizá por todas estas razones sea una de las mecas a las que todo corredor espera peregrinar algún día. Pero, si lo hace, debe saber que todo puede pasar en Boston. Desde días calurosos que superan los 30 grados con porcentajes de humedad cercanos al 100%, hasta ediciones con temperatura bajo cero y nieve, con ráfagas de viento cercanas a los 80 kilómetros por hora (y no siempre a favor).

Pero el circuito y el público tienen atractivos suficientes como para superar cualquier mal, especialmente si los ánimos provienen de las chicas universitarias del Wellesley College. Esta universidad privada femenina está situada un poco antes del paso de la media maratón, y los 400 metros que estas chicas suelen ocupar en el lado derecho de la calzada mientras gritan ánimos (y ofrecen besos) son conocidos como «el túnel del grito» (*scream tunnel*). De hecho, los gritos son tan altos que los corredores afirman que se escuchan desde casi un kilómetro antes. Y ojalá se escucharan un poco más adelante, porque, al llegar al kilómetro 32, empieza la *heartbreak hill* (colina rompecorazones): un ascenso de 27 metros de desnivel que viene a completar un tramo de cuatro repechos llamado «las colinas Newton». Su 3,3% de pendiente no parece un gran muro, pero los corredores suelen verlo mucho más empinado dado que se encuentra más allá del kilómetro 30 y ha venido precedido de un trazado generalmente descendente.

Años	Hombres	Mujeres
18-34	3h00min	3h30min
35-39	3h05min	3h35min
40-44	3h10min	3h40min
45-49	3h20min	3h50min
50-54	3h25min	3h55min
55-59	3h35min	4h05min
60-64	3h50min	4h20min

NUEVA YORK, Estados Unidos
(noviembre)

Aunque no es la más clásica, el hecho de que se celebre en la ciudad de los rascacielos la ha convertido en una de las más míticas. Nació en 1970 dando vueltas a Central Park, y desde 1976 se caracteriza por cruzar los cinco distritos de la metrópolis: Staten Island, Brooklyn, Queens, Bronx y Manhattan.

El inicio es su carta de presentación, con decenas de miles de corredores ocupando todo el ancho del puente de Verrazzano en su piso superior y buena parte del inferior; recordemos que se trata de un puente que no permite la entrada de peatones ningún otro día del año. También es característica la existencia, desde 2008 y para que las calles puedan absorber la avalancha de corredores, de tres inicios diferentes que confluyen en la ruta común a partir del kilómetro 12. Y, por último, su llegada a Central Park: un entorno ideal para correr pero lleno de toboganes que acaban con las fuerzas restantes de todos los corredores.

Como es habitual, todo lo que ocurre en Nueva York tiene un carácter especial. Sin ser la maratón más rápida ni la que mejores premios reparte, es la elegida por muchos corredores de élite por el prestigio que conlleva. Y así seguirá siendo por los siglos de los siglos.

KOŠICE, Eslovaquia
(primer domingo de octubre)

Esta ciudad eslovaca, que muchos viajeros serían incapaces de colocar en el mapa, tiene el mérito de celebrar la maratón más antigua de las que se celebran en Europa y la segunda del mundo, solo superada por Boston.

Su primera edición data de 1924 y, aunque por aquel entonces ya había algunas maratones en Europa, todas ellas fueron desapareciendo paulatinamente. Cuenta la historia que el periodista y amante de los deportes Vojtech Braun Bukovský estuvo en París durante los Juegos Olímpicos de 1924 y regresó a Košice tan emocionado con la distancia que organizó una maratón. En esa primera carrera solo siete participantes se animaron, pero ya sentaron un precedente que no se rompería ni con las guerras mundiales ni con la política interna de un país que ha cambiado varias veces de nombre y de fronteras (como única excepción, tan solo las ediciones de 1938 y 1940 dejaron de celebrarse).

Aunque ahora es una maratón de segundo nivel, durante buena parte del siglo XX le disputó la hegemonía a la mismísima maratón de Boston (al tiempo que ninguna maratón europea se le podía comparar). Es famosa la victoria de Abebe Bikila en la edición de 1961, solo un año después de ser campeón olímpico en Roma y cuando le llovían ofertas de todo el mundo para ir a correr. Pero no es la única estrella que brilló en Košice: en la edición de 1959, el ganador fue el soviético Serguéi Popov, que un año antes había conseguido el récord del mundo de la distancia (2h15'17") durante el campeonato de Europa celebrado en Estocolmo.

LONDRES, Gran Bretaña
(abril)

Esta maratón nació gracias a la de Nueva York (por inspiración y, luego, por rivalidad). Fue el campeón olímpico de 3000 metros obstáculos en Melbourne 1956, Chris Brasher, quien tuvo la idea después de correr la maratón de Nueva York de 1979. En esa maratón le acompañaba otro medallista olímpico en obstáculos, John Disley, quien ganara la medalla de bronce en Helsinki 1952. Juntos idearon y fundaron la maratón de Londres, que en el año de su inauguración (1981) ya tuvo una lista de inscritos superior a los 20 000 corredores (aunque al final solo se aceptarían 6747). De hecho, la maratón de Londres se ha caracterizado, desde sus comienzos, por ser un evento de masas donde no solo corren los mejores atletas del mundo sino también los más raros. Baste decir que cada año se baten en dicha maratón varios récords Guinness tales como, por ejemplo, el récord del mundo de maratón vestido como Forrest Gump (2h36'28") o el récord del mundo de maratón en disfraz de dos personas, jinete y caballo (3h25'17").

Excentricidades aparte, la maratón de Londres es una de las más rápidas del mundo y posee el récord mundial femenino (Paula Radcliffe con sus 2h15'25"). Algunos opinan que no es el circuito ideal para batir récords, pero que cuenta con las invitaciones más suculentas a la hora de atraer a las estrellas. Y es verdad.

Como atractivos especiales, están el cruzar el Tower Bridge al paso de la media maratón y el final en The Mall, al lado del palacio de Saint James y con vistas al Big Ben y al palacio de Buckingham.

FUKUOKA, Japón
(primer domingo de diciembre)

Esta carrera, nacida en 1947, es solo para hombres. Pero esta no es su característica más importante: se trata de una carrera solo para hombres muy rápidos.

Como si se tratara de un campeonato, los corredores deben acreditar una marca mínima inferior a 2h35'00" en maratón, 1h45'00" en 30 kilómetros o 1h10'00" en media maratón para poder participar. Y, durante la carrera, se realizan controles de paso estrictos que eliminan a cualquier corredor incapaz de mantener un ritmo inferior a 2h40'00".

Por esta razón, y por haber albergado dos récords del mundo de la distancia a lo largo de su historia (Derek Clayton, 2h09'37" en

1967, y Rob de Castella, 2h08'18" en 1981), la maratón de Fukuoka es una de las más importantes del mundo.

POLYTECHNIC, Londres
(ya no se celebra)

Esta maratón nació en 1909 después del éxito organizativo de la maratón de los Juegos Olímpicos de Londres de 1908. Durante décadas fue la maratón más famosa del mundo, además de ayudar a establecer la distancia exacta de 42 kilómetros y 195 metros (26 millas y 385 yardas), que la IAAF tomó como medida oficial en 1924.

Su ruta varió mucho a lo largo de sus años de historia. Así, lo que a principios de siglo eran carreteras secundarias se fueron convirtiendo en calles del centro de la city. Las obras, las nuevas construcciones y/o demoliciones, los permisos para cortar calles al tráfico, etc., fueron suficientes para que el circuito inicial se pareciera muy poco al de las últimas ediciones. A partir de 1970, la carrera ya no tenía el circuito de antaño: sencillo, lineal, rápido. Y empezó el declive.

En aquellos años, las maratones empezaban a pelearse por los mejores corredores del mundo ofreciendo premios muy suculentos. Y en esta liga no pudo competir una maratón organizada por un club amateur de atletismo, por mucha historia que hubiera detrás. Empezó a cambiar de manos, no se celebró en los años 1988, 1989, 1990 y

1991... Resucitó ligeramente y se disputó por última vez en 1996. Para ponerla en perspectiva, de entre sus últimas ediciones las más multitudinarias solo consiguieron reunir a poco más de 500 corredores.

Todavía hoy algunos nostálgicos recorren los 42 kilómetros de su recorrido por cuenta propia como homenaje, pero sin que se organice la maratón como tal. Una maratón que a lo largo de su historia llegó a ser la más antigua de Europa y a ver batir el récord del mundo hasta en ocho ocasiones. Entre ellas destacó el triplete logrado por Jim Peters en 1952, 1953 y 1954, batiendo de forma sucesiva la plusmarca mundial: 2h20'42", 2h18'40" y 2h17'39", respectivamente.

BERLÍN, Alemania
(último domingo de septiembre)

La maratón de Berlín es la maratón de los récords del mundo. Goza de buena salud y forma parte (junto a Londres, Nueva York, Boston, Chicago y Tokio) del elenco de las World Marathon Majors.

Su fama de circuito rápido, que lo es, se sustenta sobre todo en la elección perfecta de los atletas de élite que la corren. A ello se suma el hecho de que, si bien existen otros circuitos más planos que el alemán, la fecha suele ser ideal para correr maratones: sin demasiado calor, sin demasiado viento, sin demasiada humedad. Ambos factores juntos (unos participantes de lujo y unas condiciones idóneas) han permitido cosechar un gran éxito en las últimas décadas.

Desde su primera edición, en 1974, la carrera contó con categoría masculina y femenina. Y el primer récord del mundo batido fue, de hecho, entre las mujeres. La local Christa Vahlensieck ganó la edición de 1977 en 2h34'48", y recuperó así un récord del mundo que ya poseía en 1975 (2h40'16'', Dülmen, Alemania). Contando el récord de Christa, la plusmarca femenina se ha batido en Berlín en tres ocasiones. En el caso de los hombres, en cambio, ha sido batida en ocho. Y lo más impactante es que las siete últimas veces ha sido de manera consecutiva. De hecho, la última vez que se batió un récord del mundo de maratón masculino fuera de Berlín fue en 2002 (Khalid Khannouchi, 2h05'38", Londres).

ENTRENA-MIENTO DE MARATÓN

ENTRENA-MIENTO DE MARATÓN

02

CUÁNTO

No existe un mínimo ni un máximo a la hora de entrenar para una maratón, porque no existe un objetivo común entre todos los participantes. Los hay que quieren mejorar su marca personal, mientras que otros se conforman con llegar a meta. Para los primeros, el entrenamiento será más exigente y pautado; para los segundos..., incluso con poca cosa basta (pero no le pierdas el respeto a la maratón: una cosa es poder acabarla y otra muy distinta hacerlo con garantías).

Si es tu primera maratón, asegúrate de haber participado antes en una media maratón. Y si todavía no has hecho nunca una media maratón, asegúrate de correr primero un 10 000 o un 5000. Estas distancias más cortas te ayudarán a estar más preparado y convencido de que puedes conseguir tu reto: tendrás el cuerpo más habituado al esfuerzo de la carrera a pie y podrás predecir, con cierta fiabilidad, tu posible marca en maratón.

Ten en cuenta que la carrera a pie es una actividad sencilla que no plantea grandes complicaciones ni requiere excesivo material, así como tampoco un entorno específico para practicarla. Tú y tus ganas suelen ser suficientes para empezar. Y solo con empezar ya llegan los primeros beneficios. Lo único que necesitas es encontrar el equilibrio entre entrenar suficiente y no demasiado. Suficiente es la cantidad de ejercicio que te permite mejorar y demasiado es la cantidad de ejercicio que deja de ser beneficioso. El problema está en que estos valores no son universales, sino sumamente particulares, tanto que varían de persona a persona e incluso dentro de una misma persona. Me explico.

Si nunca has salido a correr antes, un entrenamiento suficiente es salir a caminar y correr durante 10 o 20 minutos (un minuto caminando, otro minuto corriendo; o incluso tres minutos caminando y solo un minuto corriendo). Si, en cambio, corres con cierta asiduidad, este entrenamiento no te servirá de nada porque es insuficiente. Y lo mismo ocurre al revés: si corres habitualmente, trotar durante una hora será un entrenamiento suficiente; si acabas de empezar, trotar una hora resultará excesivo y te podría acarrear problemas.

La ventaja es que el organismo progresa con cierta facilidad y lo que era excesivo hace un mes se convierte en suficiente al cabo de poco. Y así de sencillo es salir a correr y poder acabar una maratón y mejorar marca la próxima vez que te coloques en la línea de salida.

Correr hasta la extenuación

A todos nos gusta exigirnos mucho, y más aún cuando llevamos un dorsal pegado al pecho. No seré yo quien recomiende tomarse las competiciones «solo» al 90%, pero sí tener en cuenta qué puede pasar cuando llegamos a la extenuación.

Un grupo de científicos de la Universidad de Lovaina encabezados por Ellen Maas analizó la técnica de carrera de varios atletas mientras corrían a su velocidad máxima teórica (respecto a su marca en 3200 metros). Los atletas estaban clasificados en dos grupos: los novatos, es decir, aquellos que casi nunca corrían pero podían aguantar más de 3 kilómetros sin caminar, y los competitivos, esto es, aquellos corredores habituales con un mínimo de 70 kilómetros a la semana de volumen.

Cuando la fatiga empezaba a llegar, los corredores novatos cambiaban de manera ostensible su técnica de carrera. Lo más sobresaliente era la inclinación anterior del tronco, que aumentaba hasta en 3 grados. Y también el movimiento de la pierna libre, que si entre los novatos aumentaba la abducción (se balanceaba más hacia fuera), en los competitivos la disminuía (posiblemente exigiendo un menor momento de fuerza).

Y, dado que las modificaciones en la técnica de carrera debidas a la fatiga están claramente relacionadas con la aparición de lesiones, todos aquellos corredores que acaban de empezar o no son corredores habituales deberían evitar correr hasta la extenuación (también por razones de salud). A medida que ganemos experiencia, podremos incluir sesiones de alta intensidad y poca recuperación, pero sin abusar de ellas: nuestra técnica nos lo agradecerá y podremos mantener las lesiones a raya con mayor facilidad.

CUÁNDO

Correr una maratón no es una tarea fácil, aunque terminarla tampoco es excesivamente complicado. Esta contradicción tiene su parte de lógica: una cosa es correr una maratón y otra muy distinta es superar la distancia en el tiempo permitido.

La mayoría de las maratones tienen un tiempo máximo de 6 horas. Esto significa que una velocidad de 7 kilómetros por hora es suficiente para terminarla dentro del plazo. Y esta velocidad es casi la equivalente a caminar rápido. Por lo tanto, corriendo un poco y caminando otro poco, es fácil obtener una velocidad media superior a los 7 kilómetros por hora y, con ello, ser capaz de acabar una maratón. Pero que sea asequible para la mayoría no significa que todo el mundo deba apuntarse a participar. Existen ciertas limitaciones, y una de ellas es la edad.

Los niños, por ejemplo, pueden soportar una excursión de 42 kilómetros, pero esto no significa que participar en maratones les sea beneficioso. En la maratón se pone en juego la capacidad aeróbica de los participantes, y los niños y las niñas, especialmente antes de terminar la pubertad, están limitados en este aspecto. Durante la época escolar, la capacidad aeróbica es una característica que mejora con la edad, no con el entrenamiento. Obligar a los niños y niñas a completar un cierto volumen de kilómetros no solo no les ayudará a mejorar, sino que les podría viciar el gesto deportivo. Esto cobra vital importancia en el momento de mayor crecimiento: las piernas se vuelven largas enseguida y, en cambio, los músculos tardan algunos meses más en ser capaces de moverlas bien. Si durante este periodo se corren demasiados kilómetros, es casi seguro que el niño pasará de una técnica circular más o menos fluida a una técnica pendular que le acompañará el resto de su vida deportiva.

33

Por esta razón, aunque los niños y niñas sean capaces de finalizar una maratón, el volumen semanal de kilómetros se debería mantener bajo, primando más bien las tareas orientadas a ganar fuerza (que sí se pueden y se deben llevar a cabo en niños y adolescentes, y mucho más en niñas) y ciertas habilidades básicas como la coordinación, el salto, el lanzamiento y un largo etcétera.

Cuenta el profesor Joan Rius, experto en atletismo en categorías inferiores, que el máximo kilometraje diario para un niño o una niña lo determina su edad dividida entre dos. Y el volumen máximo semanal, su edad multiplicada por 1,5.

Del mismo modo, se debe primar la carrera interválica con respecto a la continua. Los beneficios de la carrera continua son buenos entre los adultos, pero no tanto entre los niños. Además, la carrera continua es monótona y aburrida, algo que los niños y niñas suelen rechazar. Por el contrario, la carrera interválica (esprints cortos, cambios de dirección, pausas...) es la manera natural de jugar entre los niños y se adapta a sus capacidades —como niños, su capacidad de recuperación frente a un esfuerzo máximo es sorprendentemente alta—, además de y ayudarles a mejorar su tolerancia al esfuerzo, su coordinación y su fuerza, sin viciar la técnica de carrera.

Esto último concuerda muy bien con las teorías derivadas de las historias acerca de los niños y niñas africanas que iban al colegio corriendo cuando eran pequeños. Muchos aficionados han pensado que la superioridad africana se basa en este entrenamiento aeróbico en edades tempranas, olvidando que los niños siguen siendo niños: aunque la escuela esté a 5 kilómetros de distancia, un niño no trota esos 5 kilómetros. Empieza caminando hasta que se encuentra a otro amigo y se retan. Pero no hasta la escuela, solo hasta el siguiente árbol o casa. Y así varias veces. Algunos días, quizá por haberse despertado tarde, toca correr más rápido o durante más rato que otros días, pero siguen haciéndolo de manera interválica: corren hasta que se cansan y caminan hasta que se notan descansados. ¿Esto es entrenamiento interválico o carrera continua? ¿Es o no es un juego?

El entrenamiento sistemático para las carreras de fondo no debería empezar hasta bien entrados los 20 años. Y algo más hay que esperar para debutar en maratón.

Técnica de carrera: circular o pendular

Estas son las dos maneras que existen de correr: circular (con el pie dibujando un amplio círculo a cada zancada) o pendular (arrastrando los pies). En la mayoría de los casos, la primera se asocia con una carrera rápida y efectiva, y la segunda, con una carrera lenta o económica.

Técnica circular

La técnica circular se caracteriza por el movimiento más o menos circular que dibuja el tobillo (o el pie) mientras está en el aire. Aunque la técnica se puede apreciar tanto al aire libre como en la cinta, es en esta segunda donde mejor se perciben los detalles.

El pie se despega del suelo con la rodilla y el tobillo en su máxima extensión, y asciende porque tanto la cadera como la rodilla se flexionan. En este movimiento, el pie pasa aproximadamente a la altura de la rodilla contraria, contacta con o se acerca al glúteo y desciende poco a poco hasta el suelo de nuevo. Justo antes de tocar el suelo, además, el pie empieza a ir hacia atrás para acoplarse a la superficie (a la de la cinta en este caso) sin que se produzca un movimiento de cizalla entre el pie y el suelo (es decir, sin que choquen en direcciones opuestas: el suelo hacia atrás, el pie hacia delante).

Técnica pendular

La técnica pendular se caracteriza la semejanza del movimiento del pie y de todo el miembro inferior con un péndulo. Cuando el pie está en el aire, la rodilla apenas se flexiona y el pie vuelve al inicio del paso casi por los mismos puntos que recorrió cuando estaba en contacto con el suelo. De ahí la denominación de péndulo: de la misma manera que va, vuelve. El tobillo no dibuja una especie de círculo, sino más bien una sonrisa o una media luna acostada.

Esta técnica es característica de ritmos de carrera bajos y de atletas entrados en años, pero también se distingue por ser muy económica. Llevar las rodillas altas (propio de la técnica circular) permite correr más rápido, pero cansa mucho; esta es la razón por la que numerosos maratonianos (y todos los *ultrarunners*) utilizan la técnica pendular.

DÓNDE

Casi todas las maratones, al menos aquellas que se celebran en las ciudades y están bien medidas, transcurren por carreteras asfaltadas. Esto significa que los impactos en la competición serán de cierta intensidad, pero no nos obliga a entrenar todos nuestros kilómetros en asfalto. De hecho, lo ideal es que conozcamos las propiedades de cada superficie y nos beneficiemos de las diferencias existentes para un mayor rendimiento.

Asfalto

Es la superficie más habitual en las competiciones de maratón y, para mucha gente, también a la hora de entrenar. Se caracteriza por ser muy dura y reactiva, lo que la convierte en apta para correr a alta velocidad pero agresiva por el impacto. Si no se dosifica con cuidado, puede acarrear lesiones, entre las que destacan las fracturas por estrés y las molestias en rodillas y cadera.

Tierra/camino

Este apartado es muy amplio y reúne desde caminos bien diseñados y en condiciones óptimas hasta trialeras de firme irregular y salpicadas de piedras de gran tamaño. Es difícil hablar de unas características únicas, pero, en general, la superficie es menos dura que el asfalto y el firme algo irregular. Esta última característica es un arma de doble filo: si bien obliga al pie a ser más ágil y flexible con cada impacto (proporcionando una carga variable que no afecta a una sola estructura), también puede forzarlo hasta momentos lesivos como una torcedura de tobillo o una caída.

Césped/hierba

Es una superficie blanda y, por lo tanto, ideal para reducir la fuerza de los impactos. Correr rápido por ella cuesta más y, si el piso no es firme, puede producir torceduras de tobillo con cierta facilidad.

Se recomienda correr por ella en los trotes suaves (un calentamiento, por ejemplo) y en los inicios de la temporada, cuando los huesos y los tendones todavía no están adaptados a la carga del entrenamiento.

Tartán

El tartán es la superficie sintética en la que están construidas las pistas de atletismo (aquellas que no son de arcilla). Es una goma diseñada para correr rápido, con mucha reactividad y una dureza casi similar a la del asfalto. He aquí la razón por la que muchos atletas prefieren no tocar demasiado el tartán. De todos modos, una o dos sesiones de series a la semana en tartán no deberían producir lesiones y, en cambio, nos ayudarán a llevar un ritmo rápido y uniforme ideal para preparar las competiciones.

Arena de playa

Todavía más blanda que la hierba o el césped, esta superficie es ideal para reducir la fuerza de los impactos, pero afecta en gran medida al gesto deportivo y no se debería abusar de ella. Correr por la arena de la playa es un buen entrenamiento de pretemporada y, en dosis concretas, un buen entrenamiento de fuerza (yo me he hartado de hacer series de hasta 1000 metros por la arena de la playa y reconozco que son interesantes para preparar competiciones de campo a través, pero no tanto para maratón, desde mi punto de vista).

Adoquines

Aunque no es una superficie habitual en España, sí resulta común en algunas ciudades de Centroeuropa. Es decir, no creo que vayas a entrenar mucho en esta superficie, pero quizá te la encuentres en alguna maratón y es necesario conocerla.

Por su dureza e irregularidad, es fácil tropezarse o, más a menudo, torcerse un tobillo. De ahí que convenga extremar las precauciones y quizá reducir algo el ritmo para tener un control sobre dónde pisamos (lo habitual es recortar un poco la zancada, aunque esto es involuntario y no necesitas prestar atención a ello). Si además el suelo está mojado, lo mejor es que te tomes con mucha calma el tramo de adoquín y ya correrás más cuando este se acabe.

Cinta de gimnasio

Con la variedad de modelos que hay en el mercado, las características de esta superficie varían enormemente en función de la calidad de la cinta. Las hay que son anchas, bien amortiguadas y bastante firmes; otras, en cambio, parece que se vayan a partir en dos a cada impacto.

No es la mejor superficie para entrenar, pero cumple su función cuando no hay otras alternativas. El gesto de la zancada se ve modificado ligeramente por el hecho de que pisamos una superficie en movimiento. Cuando no lo acompañamos con un gesto del pie hacia atrás (algo que es imposible si el impacto es de talón), la cinta provoca un ligero efecto de cizalla con nuestro pie. Como casi todo lo relacionado con el correr, esta cizalla no es dañina en pocas dosis pero puede ser causa de lesiones si abusamos de la cinta. Mi consejo es que la uses solo en ocasiones puntuales como un calentamiento antes de realizar una sesión de pesas o cuando el clima en el exterior sea tan malo que no exista otra alternativa.

La importancia de los impactos

Del mismo modo que los impactos demasiado intensos o demasiado repetitivos pueden lesionar, su propia ausencia puede traer otros problemas no menos graves.

El Instituto de Salud Carlos III ha estudiado durante meses a varios adolescentes que entrenaban una media de 10 horas a la semana sobre la bicicleta. Las primeras conclusiones de lo que observaron arrojaban que su nivel de masa ósea era menor que el de los adolescentes españoles que no practican ningún deporte competitivo.

Estos resultados, de confirmarse, aumentarían la necesidad de insistir en la correcta práctica deportiva por parte de la población adolescente. El deporte en estas edades puede y debe ser competitivo, pero sin olvidar su carácter formativo. Es esencial planificar sesiones compensatorias para ayudar a la correcta formación del niño o la niña, ya que un cuerpo escasamente formado siempre será más propenso a sufrir lesiones.

ESPECÍFICOS

Un error habitual a la hora de preparar una maratón es dedicar casi todo el tiempo a la carrera continua. Aunque se trata de una parte fundamental de la preparación, la carrera continua depara poco beneficio en relación con el tiempo invertido. Por ello, es necesario que prestes atención a estos otros entrenamientos y los incluyas, en la medida de lo posible, en tu programa.

Series

Las series son, quizá, la parte más importante del entrenamiento. Nos permiten entrenar a una intensidad elevada y nos obligan a prestar atención al ritmo; nos exigen grandes esfuerzos y nos ayudan a ejercitar la técnica. Son, en definitiva, la manera más efectiva de mejorar nuestro rendimiento.

Antes de empezar con las series, se necesita un ligero calentamiento que puede constar de 15 a 20 minutos de trote suave y de unos progresivos para preparar la zancada. Las series pueden ser largas (por encima de un kilómetro de distancia) o cortas (menos de un kilómetro). Cuanto más largas

sean, más se parecerán a nuestro ritmo de maratón.

Los progresivos son esprints de unos cien metros que sirven para activar la fuerza reactiva de nuestros tendones y la amplitud de la zancada. Tal y como su nombre indica, se realizan en progresión: empezando a velocidad de trote y acabando más rápido que el ritmo de las series que toquen.

Idealmente, las series se realizan en una pista de atletismo o en un tramo que esté bien marcado. En ambos casos, el GPS del reloj debería desconectarse (o silenciar el auto lap) para evitar confusiones. Ten en cuenta que la precisión de un GPS, por muy buena que sea, nunca igualará la medición con rueda que se hace en una pista de atletismo o en el circuito homologado de una carrera.

La recuperación entre serie y serie puede establecerse por tiempo (un minuto, dos minutos...) o por distancia (100 metros, 200 metros...). Es cuestión de gustos, pero cuanto más corta sea la recuperación, menor intensidad podrá tener la serie. A mí me gusta recomendar que las recuperaciones sean algo más largas al principio de la temporada (hasta tres minutos) y cercanas al minuto a medida que nos vamos poniendo en forma. De esta manera, cuando no estamos muy en forma, podemos apretar en las series con la confianza de que después tenemos tres minutos de descanso para recuperarnos hasta la siguiente.

Si, avanzada la temporada, somos capaces de correr series de 1000 metros un 5% más rápido que nuestro ritmo de maratón y solo recuperando un minuto, significará que estamos ya en buena forma.

Las series al estilo keniano

No puedo asegurar que este tipo de series empezaran en Kenia ni que se las denomine así en algún otro lugar, pero permitidme la licencia, pues en Kenia todos los atletas entrenan así mientras que en España, por ejemplo, no es demasiado habitual. Dicho esto, he aquí lo que son las series al estilo keniano: series cada vez más cortas y, casi por obligación, más rápidas.

Pongamos el ejemplo de un entrenamiento que hice con Florence Kiplagat cuando faltaban dos semanas para la maratón de Londres. Ella hace pocos entrenamientos en pista de cara a la maratón, pero ese día, en la pista del campus central de la Universidad Moi de Eldoret, Renato Canova propuso este entrenamiento: 10 x 600, 10 x 400 y 10 x 200. En total, 12 kilómetros de entrenamiento, pero no de la manera en que los hacen muchos maratonianos (12 x 1000 o 6 x 2000), sino buscando ritmos más rápidos que obligasen a trabajar la fuerza.

Estas series al estilo keniano, sin embargo, no son exclusivas de los fondistas. Algún corredor de 3'30" en 1500 ha hecho entrenamientos de 2 x 800, 2 x 400 y 4 x 150. De lo que se trata es de trabajar un poco la resistencia en las primeras series y después, cuando la fatiga empieza a llegar al cuerpo, evitar el correr cansino de las series largas y progresar hasta series más cortas.

Biomecánicamente tiene mucha lógica, este tipo de entrenamiento, puesto que, cuando se presenta la fatiga, si seguimos corriendo la misma distancia nuestros pasos se acortarán y eso nos puede deparar dos resultados:

1. Aumentamos la frecuencia para poder mantener el ritmo de carrera.

2. Mantenemos la misma frecuencia y, por lo tanto, el ritmo decae.

En las dos situaciones, aunque no lo parezca, el resultado puede ser similar para nuestro organismo: un entrenamiento ineficaz. En el primer caso, en el que se aumenta la frecuencia de zancada, el entrenamiento se focaliza entonces en los músculos de la cadera, que, aunque son importantes para correr, no colaboran tanto en la economía de carrera como los de la pantorrilla. No obstante, en el segundo caso las consecuencias son peores: el acortamiento de la zancada implica que nuestra musculatura rápida (la que nos permite aprovechar el mecanismo de muelle del tendón de Aquiles, por ejemplo) es insuficiente y pide ayuda a la musculatura lenta para que colabore con el empuje. Esta musculatura, al ser más lenta, genera menos potencia y por esta razón la zancada es más pequeña. Y el problema es que con este entrenamiento la estamos «entrenando».

Recrearnos en series largas cuando la fatiga no nos permite mantener el ritmo marcado (o, para ponerlo más claro, alargar los rodajes hasta el punto de ir corriendo cada vez más lento) genera hipertrofia de la musculatura lenta y este es un lastre que no nos podemos permitir. Nuestra técnica será peor y nuestro rendimiento también. ¡Y eso que habremos entrenado mucho! Pero no habremos entrenado con cabeza.

Como conclusión y a modo de ejemplo, aquí tienes algunas ideas para fraccionar tus próximos entrenamientos y asemejarlos un poco más al estilo keniano:

- **Si quieres hacer 12 kilómetros, haz como Florence: 10 x 600, 10 x 400 y 10 x 200.**

- **Si quieres hacer 10 kilómetros, intenta esto: 2 x 1500, 3 x 1000, 4 x 500, 8 x 250.**

- **Si quieres hacer 6 kilómetros, aquí un ejemplo: 2 x 1000, 3 x 800, 4 x 400.**

- **Si quieres hacer 4 kilómetros, prueba esto: 1 x 1200, 1 x 1000, 1 x 800, 1 x 600, 1 x 400.**

Los ritmos no los apunto porque dependerán de tu nivel, pero podrías empezar la serie más larga a tu ritmo de 10 kilómetros para, a partir de ahí, cada vez que bajes distancia, ir un poco más rápido. En cuanto a las recuperaciones, entre 1 y 2 minutos entre las series, pudiendo alargar hasta 4 o 5 entre los bloques.

Y recuerda: se trata de no entrenar demasiado tus fibras lentas, así que, si notas que te cuesta mantener el ritmo previsto para una serie, en lugar de sufrir y acabar más lento, párate, y en la próxima repetición haz menos distancia (esto es ideal para la gente que entrena en grupo: en lugar de descolgarte y seguir, párate cuando pierdas el contacto y vuelve a unirte en la siguiente serie).

En el caso de los ciclistas, por ejemplo, se debería añadir alguna sesión semanal o bisemanal de carrera continua o interválica, así como un trabajo específico de fuerza en el que se incluyan los saltos y, al cabo de algunos meses, las pliometrías.

Cuestas

Las cuestas son un clásico que nunca muere. Y con razón. Porque nos obligan a generar potencia y porque refuerzan el apoyo de antepié y la extensión de la pierna que impulsa. Son ideales para correr bien y para mejorar nuestro estado de forma, pero se tienen que realizar adecuadamente.

Existen entrenamientos de cuestas en los que el atleta va subiendo y bajando sin modificar mucho la intensidad; son sesiones cansinas que generan beneficios aeróbicos pero poco específicos. Otras cuestas, en cambio, buscan alta intensidad durante la subida y un buen descanso en la bajada. Estas sesiones sí son efectivas y es necesario dosificarlas bien.

Dado que este libro puede ser leído tanto por un campeón del mundo como por un debutante que solo aspira a terminar su primera maratón, disculpadme si no escribo el número de repeticiones que hay que realizar ni el tiempo esperado. En su defecto, diré que las cuestas hay que correrlas a alta intensidad (que nos cueste un poco respirar al terminar cada repetición) y con la habilidad de mantener el mismo ritmo a medida que se van sucediendo las repeticiones. De esta manera, lo ideal sería que pudieras terminar al menos 10 cuestas sin que el ritmo decayera. Sin embargo, si llegas a 20 y todavía te quedan fuerzas para hacer más, entonces la intensidad puesta al inicio habrá sido insuficiente.

Otra opción muy interesante es añadir entre 5 y 10 cuestas cortas (de unos 15 o 20 segundos) al finalizar un rodaje suave. Se trata de despertar y entrenar un poco las fibras rápidas en aquellos días en que casi no han trabajado. Para ello, termina el rodaje en algún lugar con pendiente media y esprinta durante esos pocos segundos. Date la vuelta, camina muy suavemente hacia el punto de inicio y repite otro esprint en cuesta. Este entrenamiento apenas añade fatiga al cuerpo y en cambio proporciona grandes beneficios tanto desde el punto de vista técnico como en el del estado de forma.

Por último, pero no por ello menos importante, ándate con cuidado con las cuestas si tienes molestias en el tendón de Aquiles. Las cuestas no permiten que el talón toque el suelo y, por lo tanto, el tendón tiene que soportar toda la tensión del peso del cuerpo y la inercia de la velocidad. Si bien es un entrenamiento ideal para un tendón sano, no es bueno para un tendón dañado.

Fartlek

Fartlek es una palabra de origen sueco que significa «cambios de velocidad» o «juegos de velocidad». Y básicamente es en esto en lo que consiste: mezclar dos velocidades (jugando) durante el entrenamiento. Puede ser la forma más fácil de empezar en este apasionante deporte (combinando correr con caminar) o bien un entrenamiento de alta intensidad digno de maratonianos de élite (corriendo muy rápido con descansos en los que se corre algo menos rápido).Las variantes más sencillas de *fartlek* son aquellas en las que se corre rápido durante un minuto para luego trotar suave durante otro minuto. Otra opción habitual es correr rápido durante dos o tres minutos y trotar suave solo uno. Lo importante es que la parte suave no sea excesivamente larga para que el *fartlek* se convierta en un entrenamiento de intensidad capaz de mejorar nuestro estado de forma.

Se puede usar el *fartlek* también para camuflar una tirada larga y practicar el ritmo de maratón. Por ejemplo, en lugar de correr 30 kilómetros a ritmo de maratón o ligeramente más lento, ¿por qué no correr cinco veces 5 kilómetros a ritmo algo más rápido que el de maratón seguidos de un kilómetro de trote a ritmo algo más lento que el de maratón? Aunque parezcan entrenamientos similares y podamos acabar esos 30 kilómetros en el mismo tiempo final, la opción de *fartlek* genera mayores beneficios en nuestro estado de forma.

Se podría pensar que el *fartlek* es, en sí, un entrenamiento de series. Y lo cierto es que se parece, pero difiere en la ejecución. El *fartlek* utiliza ritmos más suaves que las series porque incluye la recuperación de manera activa (y no demasiado lenta, si se está en forma). Las series, en cambio, se corren más rápido pero se recuperan caminando o trotando de manera muy lenta.

Tempo

El tempo es el entrenamiento más parecido a la competición. Se trata de correr una distancia concreta a un ritmo concreto, normalmente el ritmo de competición o algo más rápido. Se suele planificar a falta de pocas semanas para la competición y, en ocasiones, es sustituido por una media maratón o carrera de 30 kilómetros.

Para los corredores principiantes, se trata de un entrenamiento fundamental con el que se mejora la eficiencia del ritmo de competición. En el caso de estos atletas, es recomendable que realicen varias sesiones de tempo a lo largo de la planificación para que su ritmo de competición quede bien fijado en su técnica: es decir, que sea fácil de ejecutar y resulte económico.

Entre los corredores más expertos, sin embargo, este entrenamiento es menos beneficioso porque el gesto deportivo ya está bien definido y, en general, es económico. Estos atletas se benefician mucho más de las series y de los fartleks que de los tempos.

Tirada larga

Si has corrido una maratón o si estás a punto de hacerlo, seguro que conoces lo que es una tirada larga: un rodaje de al menos 30 kilómetros.

Sobre la tirada larga se ha escrito mucho y hay opiniones de todos los colores. Aunque parece fundamental a la hora de preparar una maratón, no existe consenso sobre cuánto debería medir. De hecho, ni siquiera existe consenso sobre si deberíamos hablar de la tirada larga en unidades de distancia o de tiempo.

Una primera aproximación a la tirada larga es su función dentro del plan de entrenamiento: la tirada larga sirve para entrenar el cuerpo de cara a aguantar una larga distancia (como la maratón) sin que ello signifique un esfuerzo que nos pase factura. Por lo tanto, la tirada larga debe ser lo suficientemente extensa como para que nos sirva de preparación para los 42 kilómetros, pero lo bastante corta como para que no nos lesione ni sea un esfuerzo del que tardemos varios días en recuperarnos.

Dicho esto, cada tirada larga dependerá un poco del estado de forma de cada corredor. Y lo mismo ocurre con el ritmo: mientras que un corredor aficionado convertirá la tirada larga en un tempo para mejorar su economía de carrera, un corredor más experimentado la hará a un ritmo más suave porque las sesiones donde consigue mayor beneficio son las series y los fartleks (y una tirada larga a ritmo de competición le puede pasar factura sumada a las citadas sesiones de intensidad).

¿Cuánto miden las tiradas largas?

Sorprende descubrir que en Kenia y en Etiopía es habitual que los atletas lleguen a correr hasta 50 kilómetros en una sola sesión. En Europa, todo lo que sea sobrepasar los 35 o 36 ya se considera abusivo. ¿Por qué estas diferencias?

Por supuesto, son maneras diferentes de entrenar, pero viendo los resultados que ofrecen, ¿no sería mejor hacer una sesión única de 40 o 45 kilómetros en lugar de 30 por la mañana y 15 por la tarde? Así lo hacen atletas como Florence Kiplagat o Kenenisa Bekele. Incluso el americano Ryan Hall afirma haber hecho tiradas de hasta 50 kilómetros. Y lo mismo puede decirse de Wilson Kipsang, Martin Lel y un larguísimo número de atletas.

Al fin y al cabo, si para preparar una carrera de 10 kilómetros sobrepasamos muchas veces esa distancia, ¿por qué no hacerlo también con la maratón? Por supuesto que luego hay que dar el debido descanso al cuerpo, pero considero que es la mejor forma de llegar a dominar una distancia tan compleja como la maratón.

Estos consejos van orientados sobre todo a aquellos atletas masculinos que corran maratón en menos de 2:30, así como a aquellas mujeres que la completen en menos de 2:45. Para ritmos más lentos, nunca sobrepases las 3 horas de entrenamiento continuo.

Special block

Esta práctica es una invención de Renato Canova, uno de los más reputados entrenadores de atletismo de toda la historia. Y no está al alcance de cualquiera.

Según Canova, los atletas de élite están más que acostumbrados a los entrenamientos de alta intensidad, razón por la cual mejorar empieza a ser difícil. El cuerpo ya no responde a los estímulos porque los estímulos han dejado de serlo. El entrenamiento, según los libros de teoría, es la respuesta que da el cuerpo humano a los estímulos. Y los estímulos son esos sucesos que nos sacan de la normalidad.

Un sonido espontáneo es un estímulo y lo escuchamos; un sonido repetido en el tiempo deja de ser un estímulo y ya no lo escuchamos. Por este motivo, Renato Canova se inventó el special block, una doble sesión de entrenamiento de intensidad en el mismo día.

Mientras que lo normal para un atleta es realizar una sesión fuerte por la mañana y otra suave por la tarde, aquí se trata de aunar dos sesiones fuertes: un estímulo al que incluso los cuerpos de los maratonianos más expertos no están acostumbrados.

La típica organización del special block es la siguiente:

- Mañana: 10 kilómetros a ritmo moderado + 10 kilómetros a ritmo ligeramente más rápido que el de maratón.
- Tarde: 10 kilómetros a ritmo moderado + 10 x 1200 metros a ritmo de media maratón (recuperación de 1 a 2 minutos).

¿Hace falta descalentar?

Descalentar forma parte del entrenamiento para la gran mayoría de corredores, pero quizá no sea tan necesario como pensamos.

Entre los corredores, es muy habitual trotar entre 5 y 20 minutos después de una sesión fuerte de series o incluso después de una competición. Esto es lo que se llama «descalentamiento activo», para diferenciarlo del pasivo, que consiste en un sinfín de posibilidades: estiramientos, inmersión en agua fría, sauna, elevación de piernas, uso de medias compresivas y un larguísimo etcétera.

Desde tiempos inmemoriales se ha defendido que el descalentamiento activo ayuda a rendir mejor al día siguiente, eliminar toxinas, reducir dolores musculares e incluso prevenir lesiones, por poner algunos ejemplos que seguro habrás escuchado. El problema está en que la verdad de la mayoría de estas afirmaciones se ha estudiado muy poco, lo que ha llevado a los investigadores Bas van Hooren y Jonathan M. Peake, de las universidades de Maastricht y Queensland, respectivamente, a indagar qué hay de cierto en ello. Los resultados, publicados en la revista *Sports Medicine* bajo el título «Do We Need a Cool-Down After Exercise? A Narrative Review of the Psychophysiological Effects and the Effects on Performance, Injuries and the Long-Term Adaptive Response (¿Necesitamos un enfriamiento después del ejercicio? Una revisión narrativa de los efectos psicofisiológicos y los efectos sobre el rendimiento, las lesiones y la respuesta adaptativa a largo plazo).

Rendimiento deportivo

Lo primero que analizaron los mencionados investigadores fue si el descalentamiento activo mejoraba el rendimiento deportivo en relación con el pasivo. Según los resultados, si la siguiente competición tenía lugar al cabo de pocos minutos, esta mejora era visible. En cambio, si la siguiente competición o entrenamiento se realizaba al cabo de más de 4 horas, el descalentamiento activo no beneficiaba al deportista, e incluso podía reducir su rendimiento.

Cuando el siguiente esfuerzo tenía lugar un día más tarde, los resultados no eran tan concluyentes. En general, el descalentamiento activo no aportaba beneficios, pero esta realidad quedaba algo difusa cuando se hablaba de actividades de resistencia como el correr, ya que la mayoría de estudios habían analizado actividades explosivas como el salto vertical y el esprint. Es decir, en estas actividades explosivas, el descalentamiento activo no mejoraba el rendimiento, mientras que sí lo mejoró en un grupo de corredores de fondo que hicieron un descalentamiento de ejercicios acuáticos después de un entrenamiento de carrera en bajada.

Eliminación de metabolitos

Otra de las razones por las que se suele descalentar es para eliminar productos como el

ácido láctico y las toxinas varias, así como para reducir los dolores musculares postejercicio (DOMS). Por desgracia, aquí tampoco parece claro que un descalentamiento
activo sea beneficioso. Aunque ha quedado demostrado que el ácido láctico en sangre se reduce más rápido con un descalentamiento activo en los primeros minutos,
lo cierto es que dos horas después de finalizar el ejercicio el nivel de este es similar
tanto si se trota como si no. Y lo mismo ocurre con el sistema inmune: mientras que
un descalentamiento activo favorece un aumento de los glóbulos blancos en los
primeros minutos postejercicio, el nivel en sangre es muy similar a partir de las dos
horas tanto si se trota como si no.

Los famosos DOMS o dolores musculares postejercicio son quizá la razón más famosa
por la que los entrenadores recomiendan un descalentamiento activo (pero suave).
Sin embargo, los estudios analizados no son capaces de encontrar evidencia en esta
afirmación, aunque existe una pequeña luz al final del túnel: si bien para los corredores
menos entrenados es fácil creer que trotar, por poco y suave que sea, es un nuevo
esfuerzo físico y esto no ayuda a la recuperación, para los corredores más entrenados
el trote lento es una actividad de verdadera recuperación y en algún estudio se deja
entrever cierto beneficio. Así pues, aunque ningún análisis haya ofrecido resultados
concluyentes, sí es posible ver que el descalentamiento activo puede ayudar a reducir
estos DOMS si el deportista está bien entrenado.

Lesiones

Es muy difícil analizar de manera convincente la forma en que un descalentamiento activo puede ayudar a prevenir las lesiones. De hecho, los estudios que lo han intentado no
han conseguido afirmaciones claras, debido a que las lesiones se originan por un sinfín de
factores y determinar en qué medida el descalentamiento activo contribuye a evitarlas
es casi imposible. Se especula que un descalentamiento activo ayuda a recuperarse mejor
para la siguiente sesión de entrenamiento o competición y, por lo tanto, el cuerpo puede
responder mejor al riesgo de lesión. Sin embargo, no existe ninguna certeza al respecto.

EL MÉTODO KENIANO

Los atletas kenianos se caracterizan por ser corredores natos y ganar gran parte de las medallas de oro en los Juegos Olímpicos, especialmente en las carreras de fondo. Aunque su genética parece ideal para correr maratones, no es la razón única ni la principal de su éxito. Gran parte de este se basa en el intenso trabajo de lo que yo denomino «el método keniano».

Desde jóvenes, los atletas kenianos están acostumbrados a la actividad física al aire libre. Para algunos, esto significa ir corriendo hasta la escuela; para otros, es básicamente jugar y jugar hasta la puesta del sol. Con el aliciente de que sus escuelas se encuentran y sus juegos se practican por encima de los 2000 metros sobre el nivel del mar. Y sus padres hicieron lo mismo. Y sus abuelos hicieron lo mismo. Y así hasta contar un buen número de generaciones.

La vida en un entorno rural, la dieta sencilla, la genética heredada de varias generaciones viviendo en altitud, la competencia (sana) con los vecinos y la posibilidad de aumentar los ingresos anuales de una manera exponencial son un caldo de cultivo ideal para triunfar en el atletismo de fondo. Y en esto se basa el método keniano.

La rutina de entrenamientos no es espectacular, ni en volumen ni en intensidad. Lo que sorprende es la cantidad de descanso que acumulan. Para la mayoría de los atletas kenianos, el día se estructura en una sesión de entrenamiento a las seis de la mañana y otra a las cuatro de la tarde. Y, en medio, nada. Algunos atletas dedicarán el tiempo a leer, otros a realizar alguna labor sencilla del hogar, otros estarán con el teléfono móvil y la mayoría dormitando. Y así un día sí y otro también: entrenar, comer y descansar. Y, en la mayor parte de los casos, en una residencia colectiva para atletas llamada *training camp*.

Training camp sí o no

En Kenia hay tantos atletas de fondo con talento que hay muchos métodos posibles para destacar, pero, para simplificarlo mucho, se pueden dividir en dos: los que tienen lugar en los *training camps* y los que se desarrollan fuera de estos. Los *training camps* son centros de entrenamiento donde se vive para entrenar: se come, se duerme y se entrena (en ocasiones hasta tres veces al día). Se puede acceder a ellos pagando o por invitación, y los más famosos son los que están en manos de las marcas deportivas o de los mánagers. Estar dentro de uno de ellos da derecho a entrenamientos guiados y, dependiendo del nivel del campo, material deportivo, tratamientos de fisioterapia, viajes a las competiciones y otros muchos extras.

Para los que no viven en los campos, en cambio, la vida es menos pautada. Muchos atletas (incluso algunos de mucho nivel) prefieren vivir fuera de los *training camps* para organizarse la vida un poco más allá del atletismo. En la mayoría de los casos no tienen entrenador, para ahorrar, y se dirigen los entrenamientos los unos a los otros. Es lo que yo llamo «entrenamiento por vecindario». Hay tantos atletas en la zona de Eldoret (así como en otras partes de Kenia) que cada vecindario puede crear un grupo lo bastante bueno como para no envidiar a los *training camps*. Para que os hagáis una idea, así se distribuye la semana en un grupo de atletas de mi zona:

- **Lunes (6 a. m.): rodaje vivo de 18 kilómetros, normalmente a una media cercana a 3'30".**
- **Martes (9.30 a. m.): *fartlek* de uno, dos o tres minutos con uno de descanso, durante 40-45 minutos.**
- **Miércoles (6 a. m.): rodaje regenerativo de 60-70 minutos.**
- **Jueves (9.30 a. m.): *fartlek* o pista, si se acercan las competiciones.**
- **Viernes (6 a. m.): rodaje regenerativo de 60 minutos.**

• Sábado (6 a. m.): rodaje progresivo de 80 minutos o más.

• Domingo: la mayoría de los atletas lo usa para descansar, pero otros salen a rodar por su cuenta.

Los doblajes corren a cargo de cada persona. Por la tarde, aquellos que lo desean salen otra vez a trotar muy suave (incluso a 5'30" el 1000) durante 30 o 40 minutos.

Con este método, el atleta se va conociendo y sabe cuándo está en forma. Si aguanta más con los de cabeza o hace el mismo circuito de la semana anterior en menor tiempo, sabe que está listo para competir. Hay poca variedad, pero resulta eficaz.

EL MÉTODO ETÍOPE

Etiopía y Kenia son países vecinos, pero sus métodos de entrenamiento son muy diferentes. En Etiopía, el atletismo es casi una cuestión de Estado. Mientras que en Kenia el atletismo se vive de una manera más individual y solo los mánagers y algunas marcas crean *training camps* para tener a sus atletas concentrados, en Etiopía es el Gobierno el que impulsa estos centros de entrenamiento, incluso en edades muy tempranas.

En Etiopía, además, hay establecido un sistema piramidal para la detección de talentos: pueblos como Bekoji tienen un *training camp* financiado por el Gobierno con capacidad para unos 50 adolescentes, la mitad chicos y la mitad chicas. Los *training camps*, a los que resulta sumamente difícil acceder, funcionan como institutos donde los atletas pasan dos años antes de «graduarse». La graduación consiste en una selectividad atlética que llevará a los mejores hacia la capital, Adís Abeba. Allí se encuentra el *training camp* del equipo nacional, en lo que constituiría la punta de la pirámide. Pero, para los que no llegan, existen otras salidas.

Hay algunos campos intermedios, como el que recibe el nombre de Tirunesh Dibaba, en Asella, que pueden funcionar como paso intermedio entre los training camps remotos y el de la capital. Y también existen los clubes privados (si habéis visto la película *Town of Runners*, podéis haceros una idea general de cómo funcionan).

Lo habitual es que los atletas reciban un sueldo mientras están en cualquiera de los *training camps*, pero es lógico pensar que, a mayor rango, mayor sueldo se obtiene. Por no hablar de que en los *training camps* el alojamiento y la manutención están cubiertos, así como algo de material deportivo (dependiendo de si el campo dispone de medios suficientes a través de patrocinadores, lo que no en todos los casos es posible).

En Etiopía es muy raro entrenar solo. Por influencia de los *training camps*, que siempre tienen un entrenador a la cabeza que encarna la autoridad pura, los atletas entrenan siempre en grupo y con una disciplina militar. Se preocupan mucho de la técnica de carrera y de los ejercicios de acondicionamiento físico, los cuales se realizan siempre en fila de a uno y al compás del que va delante. Es, ciertamente, una experiencia muy curiosa la de poder participar en esta serie de ejercicios.

Otra característica del entrenamiento etíope es su predilección por correr entre los árboles. No sé a quién se le ocurriría la idea, pero resulta graciosa: desde el entrenamiento en forma de zigzag en el bosque de Bekoji (rodeando eucaliptos cada 2 o 3 metros para cambiar de sentido durante una hora), hasta hacer un trote a través del bosque en lugar de ir por el camino.

Cuenta el coach de *Town of Runners* que este entrenamiento sirve para reforzar los músculos de la cadera y del tronco (a falta de un gimnasio en condiciones). Supongo que tendrá razón, pero hay que andarse con mucho cuidado porque correr en fila de a uno esquivando árboles y ramas no siempre da buen resultado: caídas, choques y ramas en toda la cara son solo parte del entrenamiento.

Por último, a los etíopes también les gusta correr en zigzag incluso si no hay árboles. Una manera muy habitual que tienen de entrenar es ir al prado y correr un poco en esta dirección, luego en la otra, luego giramos de nuevo y volvemos a girar, y así hasta que uno está mareado o se pregunta qué tiene de malo ir hasta el fondo y volver en lugar de hacer tanto giro.

Mejor en compañía

Tanto los kenianos como los etíopes se benefician del nivel de sus compañeros de entrenamiento; un beneficio que es extensible a los extranjeros que se trasladan a vivir a las tierras altas, no solo por la altitud, sino también por el hecho de entrenar en compañía. Y es que un nuevo estudio confirma que entrenar rodeado de gente da mejores resultados, y no solo eso: además, hace que parezca más fácil.

Casi todos los atletas ya hemos comprobado que hacer ejercicio con compañeros nos ayuda. Hasta aquí, nada verdaderamente nuevo, pero ahora resulta que podría haber incluso algo de ciencia detrás de esta afirmación.

Un reciente estudio titulado «Presence of Spotters Improves Bench Press Performance» (La presencia de observadores mejora el rendimiento en *press* de banca) analizó el número de repeticiones que varios sujetos podían realizar en *press* de banca. En una de las ocasiones, había dos personas al lado de la barra observando; en otra, estaban allí pero detrás de un biombo para que no se notara su presencia. El resultado fue que cuando estas personas eran visibles los atletas levantaban más veces el peso que cuando no se las veía. Y no solo eso: si les preguntaban por la dificultad del ejercicio, los atletas respondían que se habían esforzado más cuando no eran observados (aunque hubieran hecho menos repeticiones).

Es decir, con la presencia de observadores se levantaba más peso (algo bastante corriente) pero se percibía como un esfuerzo menos exigente que cuando se hacía en soledad. Ahí está el quid de la cuestión. Es verdad que correr no es lo mismo que levantar peso, pero puede seguir la misma dinámica. ¿O acaso no has notado que en competición (cuando te observan) o en series con los compañeros eres capaz de correr más rápido e incluso te parece más fácil que cuando corres solo?

En este mismo sentido, incluso un estudio publicado en 1969 «Social Enhancement and Impairment of Performance in the Cockroach» (Mejora social y deterioro del rendimiento en la cucaracha) ya avisaba de un caso rocambolesco: las cucarachas son capaces de correr más rápido cuando se sienten observadas por otras de su especie.

Aunque todavía no se sabe a ciencia cierta cuál es el motivo por el que esto sucede, el caso es que sucede. Por esta razón, entrenar en grupo da mejores resultados, tener un entrenador presente ayuda a correr más rápido y competir con gente alrededor da lo mejor de ti. Y ni siquiera hace falta que te griten o te den consejos: su simple presencia observando ya tiene un efecto positivo. ¿Sorprendido? Ahora ya sabes lo necesarios que somos los unos para los otros.

ENTRENAMIENTO EN ALTURA

Vivir cerca del mar tiene muchas ventajas, pero a la hora de entrenar salen ganando los que viven entre los 1500 y los 2500 metros de altitud (siempre que la temperatura exterior no sea demasiado fría, claro). Al nivel del mar, nuestros glóbulos rojos tienen poca dificultad para funcionar al 100% de su capacidad; es lo que se llama «saturación de oxígeno» y se mide con un pulsioxímetro (una pinza que se coloca en el dedo índice y mide tanto el pulso como la saturación). Lo habitual es que la saturación, al nivel del mar, esté por encima del 97%.

A medida que ganamos altitud, la presión atmosférica se reduce y esta característica dificulta que nuestros glóbulos rojos puedan alcanzar el 100% de saturación. Dependiendo de la altitud a la que nos encontremos, nuestra saturación puede caer hasta cerca del 90% (e incluso menos si nos vamos más allá de los 3000 metros). Esto significa que nuestros glóbulos rojos transportan menos oxígeno a los músculos y, por lo tanto, cualquier ejercicio es más difícil que al nivel del mar.

Para contrarrestar esta situación, nuestro corazón late un poco más deprisa. Esta es la reacción más inmediata a la altitud, pero no la más importante: la adaptación que buscan los deportistas que entrenan en altitud es la creación de más glóbulos rojos, pese a que esta respuesta no es tan inmediata. Durante las primeras semanas de estancia en altitud, el cuerpo se adapta mediante la creación de nuevos glóbulos rojos, permitiendo que llegue más oxígeno a los músculos aunque estos solo vayan al 90% de saturación.

Al volver al nivel del mar, los glóbulos rojos volverán a saturarse al 100% y, como hay más que antes, lo lógico será que el nivel deportivo se vea aumentado. Por desgracia, esta adaptación no es permanente y, tras el regreso, se destruye el excedente de glóbulos rojos durante las primeras semanas.

Teniendo esto en cuenta, es importante saber que los primeros días en altitud el cuerpo está trabajando de manera extra solo por el hecho de crear más glóbulos rojos. Si le añadimos demasiada carga de entrenamiento, es muy posible que el resultado final sea un sobreentrenamiento en lugar de un estado de forma óptimo.

Como consejo básico, dedica la primera semana únicamente a la aclimatación, sin sesiones de alta intensidad y con un volumen de entrenamiento moderado. Añade un suplemento de hierro, vitamina C, vitamina B12 y ácido fólico a tu dieta (con la supervisión de un médico, por supuesto) y

bebe más agua de lo habitual. Si te duele la cabeza y/o te cuesta dormir, acepta que son reacciones comunes del incremento de altitud y reduce un poco el entrenamiento al día siguiente. Piensa que es mejor tardar un día más en adaptarte a la altitud que querer adaptarse demasiado pronto y pagar las consecuencias del sobreentrenamiento.

Un poco por esta razón y otro poco porque a los kenianos les gusta mucho el trote excesivamente lento, te presento el método polarizado: combinar entrenamientos de alta intensidad con otros de muy baja intensidad, dejando los ritmos intermedios casi olvidados. Puede servirte si entrenas en altitud, pero también te lo recomiendo para tus sesiones al nivel del mar, siempre que seas ya un corredor con cierta experiencia y nivel.

Polarizar o no polarizar

Cuando Mo Farah ganó la maratón de Chicago de 2018 con récord de Europa incluido (2h05'11"), salió a la luz una semana típica de su entrenamiento. Con la prudencia que impone no saber si esos entrenamientos eran exactos o solo aproximados, en ella destacaba una tirada larga de 40 kilómetros a 3'26" de media. Pero, para los ojos más experimentados, lo que sorprendía era lo lento que rodaba Mo Farah en los días fáciles.

	MAÑANA	TARDE
LUNES	20 km (78')	15 km (64')
MARTES	Pista: 6 x 1000 a 2'26", 2'27", 2'28", 2'28", 2'31", 2'41" (R = 5')	10 km (43')
MIÉRCOLES	20 km (86')	15 km (64')
JUEVES	15 x 1000 a 2'45" (R = 2')	
VIERNES	20 km (86')	15 km (64')
SÁBADO	40 km a 3'26" de media	
DOMINGO		

Pronto se abrió un debate muy interesante sobre si rodar demasiado lento puede modificar la técnica de carrera y sobrecargar los músculos más que correr a ritmo más vivo. Otros opinaban que no tenía por qué. Y que, además, rodar lento permitía que el cuerpo se cansara menos.

Arturo Casado, campeón de Europa de 1500 metros, es una voz experimentada en teoría del entrenamiento y tiene un estudio al respecto, redactado junto a Jordan Santos, uno de los científicos españoles de más renombre en el ámbito del entrenamiento. El estudio lleva por título «The Effect of Periodisation and Training Intensity Distribution on Middle- and Long-Distance Running Performance: A Systematic Review» (El efecto de la distribución de la intensidad de la periodización y el entrenamiento en el rendimiento de carrera de media y larga distancia: una revisión sistemática) y en él se compara la distribución de minutos en las diferentes intensidades a las que se puede entrenar. Aunque no especifica cuán lento se debe rodar en los días fáciles, sí llega a la conclusión de que lo ideal es una programación donde abunde el volumen a ritmos fáciles y no tanto los kilómetros a ritmo de competición.

En el estudio se comparan tres métodos de entrenamiento en función de la distribución de sus intensidades:

- **Piramidal**
- *Threshold* **(tempo)**
- **Polarizado**

Las intensidades se dividen en tres en función de si son por debajo del 95% del ritmo objetivo de competición, entre el 95% y el 105%, y más rápido del 105%. Así, tanto en el sistema piramidal como en el polarizado, la parte fácil supone más del 80% del total de minutos. La diferencia entre ellos es que el piramidal tiene más minutos entre el 95% y el 105%, mientras que el polarizado se salta casi ese ritmo y tiene más minutos por encima del 105%. El método *threshold*, por su parte, basa su importancia en un volumen superior al 20% de los minutos totales a ritmos entre el 95% y el 105% del ritmo de competición.

Según los autores, las máximas mejoras en el rendimiento se obtienen con los métodos piramidal y polarizado, aunque reconocen que algunos de los mejores maratonianos del mundo utilizan el método de *threshold* y les da buenos resultados. Uno de los principales defensores de este método es, por ejemplo, Renato Canova, de quien hay que reconocer que de entrenar sabe mucho. De todos modos, el cálculo de los ritmos en altitud es diferente al del nivel del mar, y quizá lo que corresponde a la zona 2 (95-105%) en altitud es realmente un esfuerzo de la zona 3 (> 105%).

Ahora, para que nos entendamos, he aquí una tabla de lo que supone cada zona para algunos de los ritmos más habituales a la hora de correr.

RITMO COMPETICIÓN	ZONA 1	ZONA 2	ZONA 3
3'00"	> 3'09"	3'08"-2'52"	< 2'51"
3'15"	> 3'25"	3'24"-3'06"	< 3'05"
3'30"	> 3'41"	3'21"-3'40"	< 3'20"
3'45"	> 3'56"	3'35"-3'55"	< 3'34"
4'00"	> 4'12"	3'49"-4'11"	< 3'48"
4'30"	> 4'44"	4'17"-4'43"	< 4'16"
5'00"	> 5'15"	4'46"-5'14"	< 4'45"

Aunque cada maestrillo tiene su librillo, quizá es hora de que analices bien tu entrenamiento y cuantifiques, en la medida de lo posible, cuántos minutos entrenas en cada zona (por suerte, algunos relojes ya te dan esta opción). La recomendación de los autores del estudio es que evites colocar más del 20% en la zona 2. Luego, a tu criterio está si quieres una planificación piramidal (algo así como 80-15-5) o polarizada (80-0-20).

CALOR EXTREMO

Con los campeonatos de atletismo celebrándose normalmente en verano, **la adaptación al calor es quizá el factor más importante dentro del atletismo de élite**. Aunque su efecto sobre el rendimiento no es igual para los concursos que para las pruebas de resistencia (léase maratón y marcha), la adaptación parece necesaria para todos y no es nada nuevo. ¿Sabías que Alberto Salazar ya hizo una adaptación al calor de Los Ángeles para los Juegos Olímpicos de 1984? En un estudio publicado sobre dicha preparación («Preparing Alberto Salazar for the Heat of the 1984 Olympic Marathon»), se desveló que Alberto llegó a sudar hasta 3 litros por hora cuando lo normal es que se sude únicamente uno. Y aunque sudar tanto puede ser muy útil para controlar la temperatura corporal, también supone un serio riesgo de deshidratación. A continuación presentamos los números.

Los maratonianos de élite, que corren a unos 20 kilómetros por hora, reciben 4 avituallamientos por hora (cada 5 kilómetros). Lo habitual es rellenar los botellines con 200 o 250 ml para recuperar alrededor de 1 litro por hora. El problema llega cuando el calor es extremo y se presentan dos problemas: el primero y más habitual, que el cuerpo no consiga regular el exceso de temperatura porque no puede o no sabe sudar más; el segundo, que el cuerpo sepa sudar más y refrigere más o menos bien, pero ¿cómo puedes llegar a beber 3 litros de agua en una hora? Esto equivale a beberse bidones de 750 ml cada 5 kilómetros, cosa que yo, sinceramente, no he visto nunca.

Pero entrenar con calor no es solo necesario para enseñar al cuerpo a sudar más y a nuestro estómago a soportar más líquido;

EL LIBRO DE LA MARATÓN

63

resulta que los beneficios son grandes y variados, hasta el punto de que algunos fisiólogos se preguntan si entrenar con calor no llegará a ser más beneficioso todavía que entrenar en altitud. Por ejemplo, entrenar con calor parece aumentar el volumen de plasma sanguíneo, reducir la temperatura corporal, disminuir el lactato, incrementar la fuerza y permitirnos soportar mejor incluso las temperaturas frías.

El problema está en que entrenar la tolerancia al calor es peligroso, ya que la fina línea entre el efecto positivo y la sobredosis (golpe de calor, por ejemplo) es muy difícil de calibrar y las consecuencias pueden ser nefastas. Por esta razón, la sauna es quizá el mejor aliado para empezar a entrenar la aclimatación al calor. Pero se puede ir un poco más allá.

La sauna

En España no tenemos la misma tradición que en los países nórdicos, pero ¿a quién no le apetece entrar en la sauna después de un buen entrenamiento?

A menudo nos imaginamos las saunas como refugios calientes de los larguísimos inviernos del norte, pero cada vez más están presentes en los gimnasios y en los hoteles. Y tiene una explicación: son muy beneficiosas.

A los consabidos beneficios derivados de la eliminación de toxinas, cada vez se suman más evidencias respaldadas por estudios que demuestran cómo tomar saunas después de los entrenamientos mejora el rendimiento. Es verdad que una sauna te deja un poco aplatanado, sin ganas de correr ni practicar ningún deporte, pero por el contrario tus células sanguíneas se habrán beneficiado de un aumento de tamaño. Y eso significa que podrán transportar más oxígeno a tus músculos cuando sea necesario. Sin embargo, también existen algunos riesgos.

Hay que andarse con cuidado en la sauna si se es hipotenso y se desaconseja totalmente en el caso de tener fiebre. Del mismo modo, se recomienda un baño de contraste con agua muy fría al salir de la sauna, pero este no se realizará si existe hipertensión. Sea como fuere, empieza con prudencia y no permanezcas dentro de la sauna si no la estás disfrutando.

Si tu gimnasio tiene sauna, puedes comenzar con un tratamiento de 2 a 3 días por semana, con sesiones cada vez más largas pero saliendo cada 5 a 7 minutos para hacer un contraste con agua fría. Notarás que tu cuerpo la tolera cada vez mejor y en principio tu rendimiento mejorará (o al menos conseguirás liberarte del estrés del día a día durante unos minutos).

Se están poniendo de moda los gimnasios o salas de ejercicio con altas temperaturas y poca ventilación. También es habitual entrenar con chubasqueros o prendas poco transpirables para ayudar a sufrir más el calor. Y, cómo no, cada vez más se usan las horas centrales del día en lugar de la madrugada o el atardecer. Las opciones son múltiples, pero la prudencia debe ser la norma principal. Y recordar que el hecho de entrenar a altas temperaturas tiene también sus efectos en el total del programa de entrenamiento.

Por esta razón, y para favorecer que el entrenamiento en calor sea de verdad un beneficio y no un sobreentrenamiento, he aquí unos consejos sencillos y básicos a la hora de ejecutarlo:

1. Empieza con las sesiones más sencillas, como por ejemplo la simple exposición al calor de la sauna.

2. Cuando entrenes en calor, considera esa sesión como una sesión de calidad incluso aunque el ritmo no sea excesivo. Puesto que el simple hecho de entrenar en calor genera un estrés significativo: colocarlo en un día cercano a series o alta intensidad favorecerá el sobreentrenamiento.

3. Recuerda que estás jugando un poco con fuego: entrena acompañado y no busques tu máximo rendimiento en un día de calor; el objetivo es generar un estímulo para el cuerpo, no destrozarlo.

Quizá eres de los que preparan la maratón de Berlín y necesitan entrenar en verano. O quizá te gusta correr en verano y te preguntas por qué cuesta tanto correr con este calor. Tanto si es por una razón como por otra, considera el entrenamiento en calor como si fuera un entrenamiento en altitud: adapta los ritmos (resta unos 10-20 segundos por kilómetro), recuerda que un entrenamiento en calor es sinónimo de series o alta intensidad incluso cuando vas rodando (por lo tanto, no hagas un esfuerzo similar al día siguiente) y empieza de manera gradual utilizando las horas más frescas del día para contrarrestar los días que entrenes con más calor.

FRÍO EXTREMO

Correr con frío es una de las sensaciones más desagradables que se pueden soportar. Por suerte, en España casi nunca llegamos a condiciones que sean de verdad extremas. No obstante, es necesario saber cómo incide en nuestro cuerpo el frío extremo y qué podemos hacer al respecto.

Cuando corremos, la sangre circula alrededor de los músculos implicados en la zancada para poder traerles la energía que necesitan. Esto implica que poca sangre circula por los brazos y las manos, que enseguida notan la baja temperatura y pueden perder sensibilidad. Y, en cuanto a los pies, aunque sí colaboran con la zancada, lo cierto es que los dedos pueden también sufrir algo de restricción sanguínea. En este caso, nuestros impactos con el suelo serán cada vez más bastos y nuestro ritmo de carrera decaerá.

Si tienes previsto correr con frío, lo mejor es que te abrigues bien. Por suerte, cada vez hay más prendas diseñadas para mantener el calor corporal con muy poco peso y sin dificultar el gesto deportivo. No te olvides de los guantes, los manguitos (o una camiseta de manga larga) y un gorro o al menos una prenda para cubrir las orejas y quizá también la cara. En los miembros inferiores, dada su implicación en la carrera, puedes ahorrarte algo de material si así te sientes más cómodo (yo, por mi parte, prefiero siempre tener la rodilla libre y casi nunca uso mallas largas, pero esto es cuestión de gustos). Para los pies, usa calcetines gruesos pero diseñados para correr y, en la medida de lo posible, evita que los pies se mojen. Si al frío le añadimos el agua de un charco o de la lluvia, la sensación térmica será mucho peor y el riesgo de congelación será mayor.

Una vez terminada la carrera, intenta hacer que entren en calor las partes que más frío han sufrido. Si te es posible, cambia la ropa que has llevado por otra seca y limpia. Y bebe un consomé o alguna bebida caliente para empezar a notar el efecto del calor desde dentro del cuerpo.

La crioterapia de cuerpo entero

Se llama crioterapia de cuerpo entero al uso de frío intenso (hasta -180 °C) con el fin de eliminar los dolores musculares y recuperar los niveles óptimos de fuerza después de una actividad extenuante. Hace más de 30 años que se inventó, pero ahora está de moda.

A finales de los años 70, este procedimiento se puso en práctica en Japón para aliviar molestias derivadas del reuma y la artritis, pero con la llegada de estas máquinas al mundo del deporte su fama se ha catapultado. Ahora muchos equipos de ciclismo las llevan a cuestas y hacen uso de ellas después de cada etapa. El tratamiento es tan corto (solo tres o cuatro minutos) que está ganando terreno a los famosos masajes de descarga.

A grandes rasgos, el uso de frío extremo provoca la constricción de los vasos sanguíneos periféricos, lo que hace que la sangre migre al interior del cuerpo para mantener la temperatura corporal sin cambios. Es decir, se activa el mecanismo de defensa contra una agresión por frío y se producen endorfinas, al tiempo que se inhibe la inflamación. Estos resultados aparecen al cabo de una sola sesión, pero hay otros que requieren al menos diez sesiones para ser visibles, como es el caso de las respuestas inmunológicas. Algún estudio incluso ha llegado a afirmar que después de diez sesiones de crioterapia de cuerpo entero se mejora la capacidad anaeróbica, pero hacen falta más estudios que validen esta afirmación.

Es difícil decidir, a día de hoy, si la crioterapia de cuerpo entero es la mejor herramienta para recuperarse del dolor muscular que produce una actividad extenuante como una maratón, una marcha ciclista, una etapa de una gran vuelta o un ironman. La fama se basa muy pocas veces en criterios objetivos, y lo más objetivo que puede afirmarse de este método de recuperación es que los deportistas que se someten a él afirman notarse mejor y más recuperados que con otros métodos.

En resumen, y como se ha mencionado, hace falta más ciencia para saber si la crioterapia de verdad funciona, puesto que hay pocos estudios al respecto y los resultados todavía no son suficientemente concluyentes, pero parece que las mejoras inmediatas son algo más efectivas que con otros métodos de recuperación tales como los masajes de descarga, la inmersión de las piernas en agua fría o el uso de infrarrojos.

ENTRENA-MIENTO ALTERNA-TIVO

ENTRENA-
MIENTO
ALTERNATIVO

03

GIMNASIO PARA CORREDORES

De casi todos es sabido que el trabajo en el gimnasio es ideal para el corredor (incluso el corredor de fondo). Algo más complicado es saber qué ejercicios son convenientes, qué máquinas, cuántas repeticiones y con cuánto peso. Porque no todos los ejercicios ofrecen los mismos beneficios ni todas las combinaciones (poco peso y muchas repeticiones, mucho peso y pocas repeticiones...) nos harán más rápidos a la hora de correr.

Para el novato, pasar por el gimnasio de vez en cuando seguro que le reportará beneficios. Para el experto, en cambio, será necesario que el trabajo en el gimnasio esté bien planificado y tenga un objetivo y una ejecución claros. Es algo así como el trabajo de series: si nunca has incluido series en tu rutina de entrenamientos, seguro que notarás unas mejoras considerables a las pocas semanas. Si, en cambio, ya eres un habitual de las series, estas tendrán que ser precisas en número de repeticiones, ritmo y recuperación para que notes una mejora y no un sobreentrenamiento o un infraentrenamiento.

Por lo tanto, suponiendo que ya vas al gimnasio de vez en cuando, he aquí algunas pautas que te pueden ayudar:

1. Es necesario saber de dónde partimos.

Tradicionalmente se utilizaba la prueba de 1RM (una repetición máxima) para conocer la fuerza del atleta. Sin embargo, aunque esta opción puede ser válida en algunos contextos, a la hora de correr es poco eficaz y conlleva riesgos de lesión. Por lo tanto, es más recomendable medir la potencia (relación entre fuerza y velocidad), y no hay test más sencillo para ello que el salto vertical. (Si eres de los clásicos a los que les gusta medir el entrenamiento tomando como referencia las RM, lee el recuadro «Cómo calcular la fuerza máxima».)

2. Determina si necesitas más fuerza o más velocidad.

En el apartado anterior hemos medido un salto vertical a secas. Si medimos algún otro con sobrepeso (con una barra en los hombros, por ejemplo), podremos determinar nuestro perfil de fuerza-velocidad y conocer si este perfil es óptimo o si necesitamos mejorar alguno de los dos parámetros[1].

3. La mitad de las repeticiones es suficiente.

Si queremos ganar volumen, realizar repeticiones hasta no poder más es el método más efectivo (incluso con poco peso). Pero si lo que queremos es correr más, necesitamos NO ganar volumen mientras aumentamos la fuerza (lee el recuadro «La importancia de pesar poco»). Para alcanzar este objetivo, lo más sencillo es realizar la mitad de las repeticiones posibles. Es decir, si con un peso determinado podríamos llegar a 20 sentadillas como máximo, parar después de la décima es lo recomendable[2].

4. No salgas del gimnasio doblado.

Si al terminar tu sesión de fuerza no te queda espíritu ni para abrocharte las zapatillas o bajar las escaleras, entonces te has pasado.

5. Multiarticular es mejor.

A la hora de correr, nuestros músculos trabajan en sintonía unos con otros para crear movimientos armónicos. De este mismo patrón deberíamos partir a la hora de trabajar la fuerza: en lugar de centrarte en un músculo o una articulación, céntrate en un gesto/ejercicio que implique varios músculos y varias articulaciones.

6. Procura que los pies estén en contacto con el suelo.

Cuando corremos, la fuerza que ejercemos es contra el suelo; lo mismo ha de suceder cuando trabajemos la fuerza en el gimnasio. No es igual de eficaz un banco de cuádriceps (la típica máquina del gimnasio para trabajar este músculo) que una sentadilla: mientras que el primero solo trabaja un músculo y una articulación (recordemos el punto 5) dejando el pie en estado de relajación

[1] Para los puntos 1 y 2 se pueden utilizar diferentes métodos de medición, pero el más sencillo lo ofrece la aplicación My Jump 2, disponible para iOS yAndroid. Su creador es el científico español Carlos Balsalobre y su uso es bien sencillo: graba un salto a cámara lenta y cuenta los frames (imágenes) que existen desde que los pies despegan del suelo hasta que vuelven a él. Luego la aplicación calcula cuántos centímetros has saltado y qué potencia has generado. Si lo realizas de nuevo con algo de carga, ya tienes el perfil de fuerza-velocidad calculado.

[2] Para este punto la subjetividad es eficaz, pero si tienes la suerte de contar con un encóder o un sensor de velocidad puedes parar cuando tus repeticiones caigan más allá del 20% en velocidad, que suele coincidir con la llegada al 50% de las máximas repeticiones posibles.

total, la segunda requiere que el pie esté en contacto con el suelo y se coordine con todos los músculos del miembro inferior (especialmente con el cuádriceps) para realizar el ejercicio. Es lo que se llama «trabajar en cadena cinética cerrada»; la cadena cinética abierta es aquella en la que el cuerpo se considera la parte fija y la pierna se mueve.

7. La velocidad tiene que ser máxima.

De la misma manera que ocurre con las series, donde no vamos a ritmo de trote, con las pesas tenemos que movernos rápido, ser explosivos. Así ganaremos potencia (recordemos el punto 1) y podremos aplicar la fuerza ganada mientras corremos. Porque, al correr, nuestros pies solo están en contacto con el suelo unos 200 milisegundos, y este es un tiempo muy corto para poder generar fuerza. Por lo tanto, si realizas una sentadilla puedes «bajar» con calma, pero la subida tiene que ser a tu máxima velocidad posible.

8. Empieza por los ejercicios más lentos y acaba con los más rápidos.

Dentro de una misma sesión, escoge los ejercicios más lentos para empezar (sentadilla, step-up o subida al escalón...) y progresa hacia los más rápidos (lunge, sentadilla con salto y arrastres).

9. Con una pierna mejor que con las dos.

Aunque al principio puede ser buena idea trabajar con las dos piernas a la vez, cuando corremos las piernas trabajan de manera alterna. Por esta razón, tus sentadillas y tus saltos deberían ser con una sola pierna, de cara no solo a ganar eficacia sino también a proteger tu espalda de cargas elevadas.

10. ¡Salta!

Saltar es quizá el ejercicio más sencillo para trabajar la potencia, y saltar con sobrepeso es todavía más provechoso. En función de tu perfil de fuerza-velocidad, céntrate en si necesitas ganar velocidad (salta con poco peso) o fuerza (salta con más peso), pero como norma general no utilices un peso tan grande que no te permita saltar al menos 20 centímetros. En ese caso, estarías trabajando demasiado la fuerza y tu velocidad sería tan baja que no conseguirías beneficios a la hora de correr.

Los estudios científicos cifran en un 8% la mejora que el trabajo de fuerza puede llegar a generar sobre la economía de carrera. Teniendo en cuenta además que con un par de sesiones a la semana es suficiente, no lo dudes más e inclúyelas en tu rutina de entrenamiento, ahora que ya sabes qué hacer una vez estés dentro del gimnasio.

La importancia de pesar poco

Mis compañeros de la Universidad San Jorge de Zaragoza (con la ayuda de la clínica Fisio Zaragoza y las universidades de Granada y Jaén) han completado un estudio muy interesante usando la famosa AlterG, esa cinta de correr capaz de reducir hasta en un 80% nuestro peso corporal.

Para ello utilizaron a 26 atletas voluntarios que corrieron a 12 kilómetros por hora (a 5 el 1000). Empezaron con su peso completo y cada minuto les «quitaban» un 10% del peso corporal hasta llegar a solo el 50% al cabo de 6 minutos. Mientras corrían, unos sensores (OptoGait) medían el tiempo de contacto, el tiempo de vuelo, la distancia del paso, la frecuencia de zancada y el ángulo del paso, entre otros parámetros.

Al analizar los resultados, se confirmó la teoría de que correr con menos peso es más fácil (cómo no). Pero lo interesante fue ver cómo cambiaba cada uno de los parámetros: la frecuencia de zancada (ese famoso 180 que tanto promulgan algunos) pasaba de 181 pasos por minuto con el 100% del peso corporal a 164 con el 50% y se apreciaban diferencias a cada reducción de peso. Lo mismo sucedía con el tiempo de contacto (cada vez más corto) y el tiempo de vuelo (cada vez más largo), mientras que la distancia del paso se incrementaba desde los 119 hasta los 132 centímetros.

La lectura más valiosa, desde mi punto de vista, no es tanto en qué medida cambia tu manera de correr si te quitan el 50% del peso corporal, sino qué ocurre cuando solo te quitan el 10%. Dicho de otra forma, ¿qué cambiaría si en lugar de pesar 70 kilogramos pesaras 63? He aquí los números (tengamos en cuenta que se trata de comparaciones estadísticas, que no necesariamente se cumplirían al 100%):

	100% del peso corporal	90% del peso corporal
Tiempo de contacto	246 ms	238 ms
Tiempo de vuelo	86 ms	91 ms
Porcentaje tiempo de contacto - tiempo de vuelo	74/26	71/29
Distancia del paso	119 cm	122 cm
Frecuencia de zancada	181	177
Ángulo del paso	1,873°	2,614°

Es decir, para que nos entendamos: cuando pesas menos, tu tiempo de contacto con el suelo es menor y tu tiempo de vuelo y distancia del paso son mayores. Esto se traduce en una frecuencia de zancada menor y un ángulo del paso mayor (vas botando más), lo cual significa una mejor economía de carrera siempre y cuando tus tendones y músculos puedan soportar este continuo rebote.

Pero no es oro todo lo que reluce, claro. No vayas a entrar ahora en una vorágine de ayuno y te quedes en los huesos. Piensa que estos cambios se producen cuando se reduce artificialmente el peso de los corredores sin modificar otros parámetros como la fuerza del atleta. Por lo tanto, ¿qué peso corporal puedes perder manteniendo los mismos niveles de fuerza? Básicamente la grasa y el agua, pero sabiendo que lo último no es muy recomendable: un cuerpo deshidratado no solo conseguirá peores resultados deportivos, sino que además pondrá en riesgo tu salud (no hagas inventos en esa dirección, por favor).

En consecuencia, ¿qué puedes sacar en claro de este estudio? Que cada kilo de grasa cuenta y que la fuerza es el factor principal a la hora de moverte. De modo que, si quieres saber si lo estás haciendo bien, pésate y mide tu fuerza; y así a lo largo de una temporada o de varias, para ver si el primer parámetro va bajando mientras el segundo se mantiene estable o, incluso, aumenta un poco.

Para medir tu fuerza, puedes analizar tu capacidad de salto vertical o realizar una serie máxima de una distancia concreta (un 400, por ejemplo).

Cómo calcular la fuerza máxima

Hay muchas formas de trabajar la fuerza en el gimnasio, pero no todas darán los mismos resultados. Del mismo modo que dos atletas de diferente nivel no tienen que hacer las mismas series, tampoco deberían hacer el mismo ejercicio con los mismos kilogramos en el gimnasio.

Una de las maneras más habituales de cuantificar el trabajo en el gimnasio es a través del porcentaje de la fuerza máxima. Es decir, el porcentaje respecto a la máxima cantidad de kilogramos que se pueden mover en una única repetición. Me explico: cuando haces una sentadilla, puedes mover 30, 40, 50… o incluso más kilogramos. Y esta sentadilla la puedes realizar 10, 12, 15… o más veces. Si repites el ejercicio hasta que no puedas hacerlo una vez más, estás en condiciones de calcular tu fuerza máxima de una repetición (el famoso 1RM).

Existen varias fórmulas para calcular el 1RM a partir del número de repeticiones (y también muchas aplicaciones móviles que hacen este trabajo mucho más sencillo). Aquí te presento la fórmula de Epley:

1RM = kg · (1 + (n.º repeticiones)/30)

En el caso de la sentadilla, imagínate que eres capaz de ponerte sobre las espaldas 75 kilogramos y que completas hasta 14 repeticiones. El resultado que obtendrías sería que tu 1RM es de 110 kg y, por lo tanto, has trabajado al 82,5% (el resultado de la regla de tres: si 110 kg es el 100%, 75 kg es… el 82,5%).

110 kg = 75 · (1 + 14/30)

Una vez que sabes cuál es tu 1RM, puedes adaptar tus ejercicios del gimnasio en función del objetivo que quieras conseguir. Por ejemplo, mejorar la fuerza máxima, mejorar la fuerza resistencia, mejorar la técnica, crear hipertrofia...

A grandes rasgos, los porcentajes habituales a la hora de trabajar cada uno de estos objetivos son los siguientes:

• **Entrenamiento básico (indispensable para conseguir una buena técnica de ejecución y evitar futuras lesiones)** ▶ intensidad del 0 al 50% de 1RM y elevado número de repeticiones.

• **Fuerza resistencia** ▶ intensidad del 50-60% de 1RM y entre 20 y 40 repeticiones.

• **Hipertrofia** ▶ intensidad del 60-90% de 1RM y entre 3 y 20 repeticiones.

• **Mejora neuromuscular (para aumentar la fuerza máxima sin aumentar el tamaño y el peso del músculo)** ▶ intensidad del 90-100% de 1RM y de 1 a 3 repeticiones.

• **Fuerza explosiva** ▶ intensidad del 30-60% de 1RM y entre 5 y 20 repeticiones desarrolladas de manera explosiva.

• **Potencia muscular** ▶ intensidad del 60-80% de 1RM y entre 5 y 20 repeticiones desarrolladas a la máxima velocidad.

Por lo tanto, la próxima vez que vayas al gimnasio, acuérdate de hacer un test de fuerza máxima (después de un buen calentamiento, claro) y adapta los pesos de las futuras sesiones al resultado obtenido.

Y recuerda que, a medida que vayas entrenando, tu 1RM irá aumentando, así que no te olvides de recalcular tu fuerza máxima cada dos o tres semanas.

BICICLETA

Puesto que el ciclismo y el atletismo de fondo se suelen tratar como deportes de resistencia, alguien podría pensar que salir en bici y salir a correr requieren casi el mismo entrenamiento. Y están equivocados. Aunque ambos deportes se basan en la resistencia, la manera de generar fuerza y, en consecuencia, de moverse es muy diferente. Y esta es la principal razón por la que la supremacía keniana y etíope en el atletismo de fondo no se observa en el ciclismo.

El ciclismo se practica sentado, con la cadera en flexión permanente y en disposición de aplicar fuerza contra el pedal durante un tiempo largo, además de poder ayudarnos con el otro pie a tirar del otro pedal hacia arriba. Al correr, en cambio, solo un pie está en contacto con el suelo y durante un tiempo relativamente corto, por no hablar del hecho de estar de pie y buscando una buena amplitud de cadera desde la flexión de la pierna libre hasta la extensión de la pierna en contacto con el suelo en la última fase del impulso.

Si te gusta mucho ir en bici o lo consideras una parte fundamental de tu entrenamiento, úsala sobre todo en pretemporada y no más de dos días a la semana (para no robarle días al entrenamiento de carrera a pie). Sí es un buen complemento para la recuperación después de grandes esfuerzos, como por ejemplo al día siguiente de una competición.

Esporádicamente, quizá una vez a la semana como máximo, puedes incluir sesiones de bicicleta de alta intensidad como las clases de spinning. No tienen una transferencia directa a la carrera a pie por las diferencias que hemos expuesto más arriba, pero su alta intensidad sin impacto puede ser un gran aliado de cara a mejorar el aspecto de cardio y mantener las lesiones típicas de la carrera a raya.

ELÍPTICA

Esta máquina de gimnasio es la que más se parece al movimiento de la carrera a pie, pero sigue sin ser lo mismo. Como entrenamiento cruzado, la podemos usar para evitar los impactos, por ejemplo en periodos de rehabilitación o en semanas de muy alto volumen. Pero ten cuidado porque tiene sus limitaciones.

Un estudio llevado a cabo por Stuart M. Mc-Gill y Janice M. Moreside, y titulado «How Do Elliptical Machines Differ from Walking: A Study of Torso Motion and Muscle Activity» (Cómo se diferencia la elíptica del caminar: estudio sobre la movilidad del tronco y su actividad muscular), lo explica con claridad. Dicho estudio mostraba cómo, al entrenar en la máquina elíptica, con independencia de dónde se colocaran las manos (libres, en el centro o en los agarres móviles), la columna lumbar se curvaba más en flexión que al andar; y lo mismo ocurría en el caso de la rotación, donde los movimientos eran mayores que al andar.

Al mantener los pies en contacto con el suelo en todo momento, la columna no experimenta el normal balanceo lateral, mientras que, por el contrario, aumentan estos dos movimientos de flexión y rotación. En la mayoría de los casos no se trata de un aspecto perjudicial, pero es necesario conocer estas diferencias, en especial si sueles padecer de dolor en la zona lumbar.

Esto no significa que la elíptica sea una herramienta vetada al maratoniano, pero antes de subirte a ella deberás valorar qué ganas y qué pierdes. Si los impactos son demasiado lesivos para ti en este momento (te estás recuperando de una lesión, acumulas un gran volumen de kilometraje semanal, etc.), la elíptica puede ser tu gran aliada. Si no es así, mi consejo es que salgas a correr y no la uses ni siquiera como entrenamiento cruzado.

AQUARUNNING

Si se trata de evitar los impactos de la carrera a pie, no hay mejor alternativa que el aquarunning: correr en el agua. Por la densidad del cuerpo humano, podemos estar en posición erguida dentro del agua con la boca justo asomando por la superficie (salvo si tenemos una buena proporción de grasa corporal, en cuyo caso es posible que flotemos más). Si nos ayudamos de un flotador de esos que parecen un cinturón de espuma o corcho, alcanzaremos una posición cómoda con el agua a la altura de nuestro cuello.

En esta posición y con algo de práctica, ya que al comienzo la coordinación se hace difícil, se trata de simular el gesto de la carrera a pie. Se avanza muy poco a poco, pero se avanza. Las caderas y las rodillas se flexionan y se extienden en gran medida, al tiempo que los pies y las piernas no reciben ningún tipo de impacto.

Se recomienda para las primeras sesiones postlesión e incluso postintervención quirúrgica (siempre que el contacto de la herida con el agua no esté contraindicado). De esta manera, el estado de forma se verá menos afectado por el reposo y pronto se podrá progresar hacia superficies algo más duras como la elíptica o la AlterG.

Las sesiones pueden tener una duración similar a las de la carrera a pie, con tiempos mínimos de 20 minutos y máximos de alrededor de una hora, aunque yo he visto a maratonianos de élite correr en el agua durante dos horas.

ARRASTRES

Aunque no es demasiado habitual entre los maratonianos, que suelen fijarse demasiado en el correr y poco en la fuerza, este entrenamiento es la mejor manera de combinar ambas características. Si bien algunas opciones están mucho más orientadas a los velocistas o a los mediofondistas (arrastres de trineo, paracaídas...), otras son bien útiles para la larga distancia. He aquí algunos ejemplos.

Arrastres de trineo

Es posiblemente el método más habitual y consiste en arrastrar un trineo cargado con varios kilos de peso, que se engancha al cuerpo por medio de una cuerda inelástica y un arnés o cinturón. Es sencillo de utilizar, pero necesita realizarse en un terreno regular.

Con este método se mejora sustancialmente la aceleración y también la velocidad máxima, pero es necesario ajustar bien la carga movilizada o se corre el riesgo de perjudicar la técnica de carrera. Como norma general, el peso arrastrado no debe suponer más del 10% del peso del corredor ni ralentizar el ritmo de carrera máximo más de un 20%

Paracaídas

Existen en el mercado unos paracaídas de tamaño pequeño que se colocan en la espalda y ralentizan la carrera al hincharse. A diferencia del arrastre de trineo, el paracaídas ofrece más resistencia cuanto más rápido se corre, es decir, aunque cuesta poco arrancar la dificultad va aumentando con la velocidad.

Este método tiene la ventaja de poder utilizarse en cualquier terreno, pero la presencia de viento fuerte puede jugar en contra e incluso ser peligroso.

Chaleco lastrado

Otro de los métodos más habituales para entrenar y quizá el mejor para los fondistas consiste en vestir un chaleco con un sobrepeso (en forma de barras metálicas o arena) y realizar cualquier entrenamiento que tengamos previsto: correr, saltar, caminar...

La principal ventaja de este método es su versatilidad: permite incluso que se lleve a cabo durante las actividades de la vida diaria y ha demostrado beneficios sustanciales, siempre que la carga no supere el 10% del peso corporal.

Carrera en cuesta

No es un método de arrastre como tal, pero funciona de la misma manera y además es gratuito. La fuerza que tenemos que vencer para subir la cuesta es equivalente al sobrepeso de un chaleco o la resistencia de un trineo lastrado, y, por si fuera poco, ayuda a conseguir una buena técnica de carrera.

Para conseguir los mejores beneficios es necesario encontrar cuestas de entre 3 y 5 grados de pendiente, evitando las que superen los 10 por el compromiso que puede suponer con respecto a la correcta técnica de carrera.

Carrera por la playa

Tampoco es un método de arrastre convencional ni es recomendable para ganar velocidad, pero sí para momentos de la temporada menos específicos: pretemporada, recuperación de lesiones...

Aunque se pueden correr kilómetros y kilómetros por la arena de la playa, lo recomendable es intercalar este ejercicio con superficies más duras para no viciar el gesto ideal de carrera. Por ejemplo, correr cinco minutos por la playa y otros cinco por el tramo duro (y repetir la secuencia tantas veces como sea necesario).

ALTER G

AlterG es el nombre comercial de la cinta de correr «sin gravedad». Lo escribo entre comillas porque no es cierto que se corra sin gravedad, sino que se corre sustentado, de una manera similar a como lo permiten los andadores de los bebés, esos que llevan ruedas alrededor y sirven (erróneamente) para empezar a caminar.

En el caso de la cinta AlterG, el atleta se une mediante unas mallas con cremallera a la estructura estanca de la máquina. A partir de ahí, un compresor insufla aire en el interior de esa burbuja hasta que el atleta es levantado hasta un 80% de su peso. Esto significa que, si mi peso es de 60 kilogramos, puedo correr con la sensación de pesar solo 12. Algo así solo es recomendable para pacientes que están en una fase muy inicial de la rehabilitación, ya que reducir tanto el peso corporal convierte el gesto de la carrera a pie en algo casi irrealizable (sería como correr por la luna). Pero yo he oído hablar de pacientes obesos que se han puesto a llorar al ver que eran capaces de correr, una sensación que a veces llevaban décadas sin experimentar.

La ventaja que ofrece la AlterG frente a la mayoría de los demás entrenamientos cruzados es que permite un gesto prácticamente idéntico al de la carrera a pie pero con muchísimo menos impacto. Y con la sencilla posibilidad de ir añadiendo peso corporal o velocidad a las sesiones para seguir progresando entrenamiento tras entrenamiento.

De hecho, se puede usar incluso como parte del entrenamiento con muy buenos resultados. Por ejemplo, para entrenar la supervelocidad.

La supervelocidad

No se trata de un superpoder, sino de correr (con ayuda) a mayor velocidad que tu velocidad máxima.

La supervelocidad es un tipo de entrenamiento poco habitual en los corredores de fondo pero que no deja de tener sus ventajas (aunque es mucho más útil para los velocistas). Consiste en correr más rápido de lo que marca nuestra velocidad máxima, para lo cual se necesita algún tipo de ayuda externa.

La manera más fácil de entrenar la supervelocidad es con ayuda de una bajada ligera, pero no la única. De hecho, la propia Faith Kipyegon (campeona olímpica de 1500 en Río 2016) asegura que la pista donde entrena en Keringet (Kenia) ni siquiera es plana: tiene una ligera pendiente que usa en un sentido o en otro en función del momento de la temporada: hacia arriba cuando es época de carga y hacia abajo cuando es el momento de afinar.

Otro método habitual para entrenar la supervelocidad es mediante las gomas elásticas. Este método requiere la ayuda de un compañero y el uso de gomas elásticas largas y de gran resistencia (si la goma se rompe durante el ejercicio, lo más habitual es que alguno de los dos corredores, o incluso ambos, acaben en el suelo). Los corredores están unidos por una goma elástica y el que va delante empieza a correr a máxima velocidad. Cuando la goma comienza a tensarse, el segundo corredor puede empezar a correr también y notará que gracias a la goma es posible correr más rápido que sin ella. Aunque este entrenamiento se puede hacer durante kilómetros, la supervelocidad solo se consigue durante el momento en que dura un esprint y depende en gran medida del nivel del corredor delantero.

Por último, el método más caro, pero a la vez el más sencillo de controlar, es el de las máquinas antigravedad, como la famosa AlterG. Como se ha descrito, en esta cinta de correr el atleta puede prescindir de hasta el 80% del peso corporal y, de esta manera, ser tan ligero que los pies casi ni tocan el suelo. El único inconveniente es que la máquina suele tener un límite de velocidad inferior al de la velocidad máxima del atleta, pero, por el contrario, permite correr a velocidad submáxima durante mucho más tiempo. Por lo tanto, es el mejor método para entrenar la supervelocidad de los fondistas, mientras que los velocistas utilizarán mejor los dos métodos anteriores.

La principal ventaja de estos métodos de supervelocidad es que aumentan la distancia del paso al tiempo que se utiliza la máxima frecuencia (muy superior a 200 pasos por minuto). De esta manera, el tiempo de contacto con el suelo es mínimo y, por lo tanto, se entrenan específicamente las fibras más rápidas. Del mismo modo, el impacto contra el suelo es mayor y la fuerza excéntrica ejercida para parar el golpe (principalmente en los tendones de Aquiles y rotuliano) es enorme. Por esta razón, este entrenamiento está completamente contraindicado en atletas que sufran alguna molestia en los miembros inferiores (aunque sea leve) y se recomienda no excederse en el número de repeticiones. Lo más habitual es que al día siguiente, o incluso a las 48 horas, el atleta sufra cierto dolor tipo agujetas.

Veamos un ejemplo: intenta correr durante 100 metros a tu máxima velocidad unas 5-10 veces al terminar un rodaje suave. Si al día siguiente o a los dos días notas agujetas, significará que todavía estás verde para el entrenamiento de supervelocidad. Cuando, por el contrario, estas repeticiones de 100 metros no te causen molestias, puedes buscar una pendiente ligera (del 2-3%) y repetir las mismas series de 100 metros con la ayuda de la bajada. Verás que tu zancada es mucho más larga y que tu tiempo final es inferior. Has conseguido correr a supervelocidad.

PLIOMETRÍAS

Los tendones están diseñados para actuar como muelles: cuanto mejor actúen como tales, mejor protegidos estarán contra las lesiones. Además, cuanta más fuerza generen por el efecto muelle, menos energía requerirán por parte del músculo y más económico será correr. De ahí la importancia de la pliometría, porque la pliometría entrena los tendones.

Se llama ejercicio pliométrico al salto reactivo que se produce después de un contacto breve con el suelo. Es pliometría saltar a la cuerda, los multisaltos e incluso correr con buena técnica, aunque por su escasa intensidad este último ejercicio tiene un beneficio menor como entrenamiento.

Se trata de un entrenamiento obligado para los saltadores (sobre todo los triplistas, pero también todos los demás) y para los jugadores de deportes como baloncesto o voleibol. En resumen, todos los deportistas que ejecuten movimientos de rebote con el tobillo (incluso los fondistas) se pueden beneficiar de sus consecuencias. La manera más fácil de empezar a entrenar la pliometría es saltando a la cuerda. Es un ejercicio de baja intensidad que se suele realizar con los dos pies a la vez. Con el tiempo se puede progresar a saltos intercambiando los pies o a la pata coja. Cuando este ejercicio se tolera bien, la pliometría puede evolucionar en altura: saltar hacia un escalón y, sobre todo, saltar del escalón al suelo para regresar al escalón en un único rebote.

La carga ideal de trabajo con respecto al ejercicio pliométrico es difícil de calibrar. Como norma general, se usa la pliometría como complemento de la fuerza, y lo ideal es ejecutar varios saltos un par de veces a la semana y sin molestias presentes en los tendones al cabo de 24 horas. Una de las ventajas del entrenamiento pliométrico es que el tendón no se vuelve más grueso y, por lo tanto, más pesado. Lo único que cambia es su efectividad y resistencia: se vuelve más reactivo y más fuerte frente a las lesiones.

ESQUÍ DE FONDO

Esta modalidad de entrenamiento cruzado es poco habitual en España pero muy común en los países del norte de Europa, donde algunos atletas profesionales incluso compiten en esta modalidad durante el invierno.

Se puede correr con raquetas de nieve, y de hecho se celebran competiciones en varios países del mundo. La sensación es parecida a correr por la arena de la playa, con tiempos de contacto muy largos y pasos relativamente cortos. Es agónico incluso a ritmos bajos, pero agradable por el entorno. Puede beneficiar nuestro rendimiento gracias a la mejora de la capacidad cardiaca, pero no se debe usar más allá de la pretemporada por la poca transferencia que tiene sobre el gesto deportivo.

NORDIC WALKING

Esta modalidad de caminar, con bastones, tiene poco que ver con correr, pero puede ser un inicio ideal para los principiantes o una buena transición entre una temporada y la siguiente. Se trata de implicar a los brazos y, por extensión, a la musculatura de la espalda, que normalmente no trabajan demasiado en la acción de caminar. Además, se recomienda llevar una frecuencia de paso elevada y no exagerar la distancia del paso (esto último provocaría un contacto de talón con gran componente de frenada).

La técnica ideal consiste en contactar con el talón del pie pero sin que este venga de un paso demasiado largo, para luego hacer rodar el pie hasta empujar con los dedos y ayudarse con el impulso de los bastones. De esta manera se pueden conseguir una velocidad «crucero» de hasta 8 kilómetros por hora, mientras que caminando de forma convencional llegar a los 6 kilómetros por hora ya parece bastante.

Si te gusta esta modalidad, inclúyela en tu pretemporada (incluso 5 veces a la semana) y ve reduciendo las sesiones a medida que empieces a correr. Lo ideal es que dejes de practicar nordic walking cuando hayas comenzado a correr, pero no hay nada malo en mantener esta actividad si de verdad te gusta.

ELECTROTERAPIA

La electroterapia es la utilización de impulsos eléctricos con fines terapéuticos. Estos estímulos pueden ir orientados a la eliminación del dolor (analgesia) o al entrenamiento de las fibras musculares, esto es, la electroestimulación. En el primer caso se utiliza casi siempre la famosa corriente TENS (*transcutaneous electrical nerve stimulation*), que en muchas ocasiones no llega a estimular el músculo. En el segundo, se suele usar la corriente EMS (*electrical muscle stimulation*), que contrae el músculo a través del estímulo nervioso.

La electroestimulación es, principalmente, un método pasivo del entrenamiento muscular, aunque se puede volver activo si realizamos ejercicios de fuerza mientras estamos conectados a una máquina de electroestimulación (para esta variante, es necesario contar con la ayuda de un fisioterapeuta experto en la materia o las consecuencias pueden ser desastrosas).

Con la electroestimulación, los músculos se contraen y se relajan sin que tengamos que hacer nada más. Es un método muy eficaz para ganar volumen muscular (hipertro-fiar) o para entrenar músculos desentrenados, especialmente después de un tiempo de inactividad. No tiene una transferencia clara hacia la carrera a pie, pero puede ser muy útil cuando correr está desaconsejado o cuando un músculo está en clara desventaja con respecto al del lado contrario o con respecto a su antagonista, es decir, el que hace la función opuesta.

Si este es tu caso (y siguiendo las indicaciones de tu fisioterapeuta), puedes utilizar la electroestimulación a diario, pero te recomiendo que lo hagas en días alternos. Aunque parezca un ejercicio de poca intensidad, el trabajo muscular está ahí y es necesario dejar unas horas de recuperación para poder asimilar bien la próxima sesión.

Si lo utilizas como complemento de tu rutina de entrenamiento, no le restes importancia y distáncialo tanto como puedas de las sesiones fuertes de carrera a pie. Y no hagas más de dos sesiones semanales de electroterapia que impliquen fuerza muscular. De lo contrario, los beneficios que podrías obtener empezarán a crear un sobreentrenamiento indeseado.

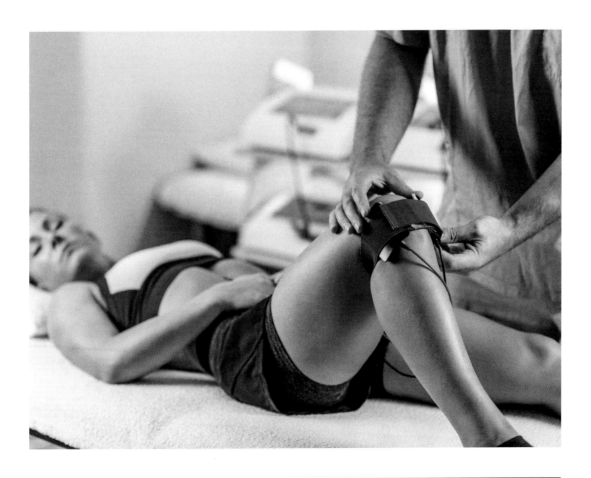

ENTRENA-
MIENTO
INVISIBLE

ENTRENA-MIENTO INVISIBLE

04

Es quizá la pieza más importante del puzle que conforma el entrenamiento de la maratón. Se define como «todo aquello que te ayude a correr más sin que sea correr en sí». El famoso entrenador Antonio Serrano, que en 1994 consiguió el récord de España de maratón en Berlín con 2h09'13" (siendo el primer español en romper la barrera de las 2:10'), lo llama «el método 4 + 20», porque preparar una maratón en el máximo nivel supone unas 4 horas de entrenamiento diario más 20 de entrenamiento invisible: acciones que ayuden a asimilar mejor lo que se hace en las 4 horas de entrenamiento y/o mejoren la disposición para las próximas 4 horas que toque entrenar.

En este sentido, el mejor entrenamiento invisible es el dormir, pero también los masajes, la dieta, el gimnasio, la psicología y un larguísimo etcétera. No describiré aquí todos los factores que de alguna u otra manera pueden ayudar a mejorar el rendimiento, pero sí aquellos más importantes o impactantes.

DORMIR

¿Te has planteado alguna vez si las lesiones se pueden curar con más horas de sueño? La respuesta, por sorprendente que parezca, es que sí. Y te lo dice un fisioterapeuta que se gana la vida con atletas lesionados que acuden a la consulta (imagínate si supieran que durmiendo más se lesionarían menos; a mí, al menos, me iría peor).

A simple vista, todos sabemos que una buena noche nos deja más descansados y de mejor humor que una mala noche. Las dudas llegan cuando queremos cuantificar lo que es una buena noche. ¿7 horas? ¿8 horas? ¿9 horas? ¿Alguien duerme 9 horas algún día?

Continuamente se publican estudios sobre el sueño. Buscar la última actualidad es tarea ardua, porque cada mes aparecen nuevos artículos y revisiones, pero todos van en la misma dirección: cuanto más duermas, mejor. Lo curioso es que la calidad del sueño no solo afecta al nivel de cansancio, sino igualmente a la precisión en las tareas, al tiempo de reacción, a la velocidad punta, a la claridad mental y, te sorprenda o no, a la recuperación frente a las lesiones.

Un buen amigo mío también fisioterapeuta, Tom Goom, publicó un decálogo sobre el dormir que resumió en la siguiente frase: «dormir es como el apagar y volver a encender que hacemos con los aparatos cuando no funcionan». Y lo cierto es que tiene razón. Aquí tienes el decálogo:

1. Existen evidencias de que incrementar las horas de sueño nocturno lleva aparejado un incremento del rendimiento deportivo, además de reducir la fatiga durante el día.

2. De 7 a 9 horas son las recomendadas

para los adultos sanos. Sin embargo, los deportistas necesitan de 9 a 10.

3. Las siestas contribuyen a añadir horas de sueño total, aunque es necesario planificarlas bien para no interrumpir ciclos de sueño. Quizá 20 o 30 minutos son suficientes.

4. Cuanto más entrenes, más deberías dormir.

5. Adapta los entrenamientos para poder dormir más (con especial cuidado con esas sesiones mañaneras o muy tardías).

6. Crea un horario lo más regular posible, en particular en lo que se refiere a la hora de despertarse, y no lo modifiques en exceso durante los fines de semana (máximo una hora más tarde con respecto a los días laborales).

7. Aprende técnicas de relajación para ayudar a conciliar el sueño.

8. Abstente de cafeína, alcohol y nicotina en las horas previas a dormir.

9. Relájate antes de ir a dormir y reduce las actividades estimulantes, como por ejemplo el uso de móvil y de ordenador.

10. Convierte tu habitación en un buen lugar para dormir: oscuro, silencioso y de temperatura agradable.

Por suerte, nuestro deporte tiene muchas menos competiciones y viajes que los deportes de equipo, con lo que es relativamente fácil conseguir una rutina de trabajo que nos permita dormir las horas suficientes. Y, lo más importante, debemos saber que sumar kilómetros a base de robar horas de sueño no es una buena elección. Yo, como todos, también cometí errores en este aspecto.

Pero me gustaría centrarme especialmente en la relación entre horas de sueño y riesgo de lesión (o recuperación de las lesiones). La mayoría de los estudios sobre esta relación están hechos con deportistas de deportes de equipo, por lo que la extrapolación al atletismo de fondo es delicada. Si las horas de sueño son pocas, ya sabemos que disminuye el tiempo de reacción, la velocidad punta, la precisión, etc. Todo ello añade papeletas a que llegues tarde (o mal) a un choque contra un adversario y te acabes lesionando. Los números hablan claro: un estudio al respecto publicado en 2014 «Chronic Lack of Sleep is Associated with Increased Sports Injuries in Adolescent Athletes» (La falta crónica de sueño está asociada al aumento de las lesiones deportivas en los atletas adolescentes), decía que los deportistas que dormían menos de 8 horas tenían un riesgo de lesión 1,7 veces superior al grupo que dormía más de esa cifra.

Sin embargo, dadas las diferencias existentes entre los citados deportes de equipo y la maratón, ¿cómo podría la falta de sueño afectar a la incidencia de lesiones en este último? En primer lugar, un cuerpo cansado puede tener un sistema inmune bajo mínimos: aunque un catarro no sea una lesión, tampoco es agradable de sufrir si la competición está cerca. Y, en segundo lugar, y mucho más importante, la falta de sueño reducirá también el tiempo de que dispone el cuerpo para regenerar células y reparar el daño causado por el entrenamiento. Es decir, le costará más asimilar el entrenamiento.

De hecho, ¿sabías que la hormona del crecimiento se genera durante el sueño?

Bueno, lo cierto es que la hormona del crecimiento se genera a todas horas, pero a modo de oleadas: mientras que durante el día su segregación es más bien escasa, a partir de la primera hora de sueño esta se dispara. Y su pico de segregación se alcanza en la tercera y la cuarta fases del sueño REM. Teniendo en cuenta que un adulto suele presentar de 4 a 5 fases REM durante una noche normal, es fácil saber qué pasará con la segregación de esta hormona si, de manera habitual, se duerme poco y no llegamos a la cuarta fase REM: estaremos obteniendo menos cantidad de una hormona vital para el rendimiento deportivo.

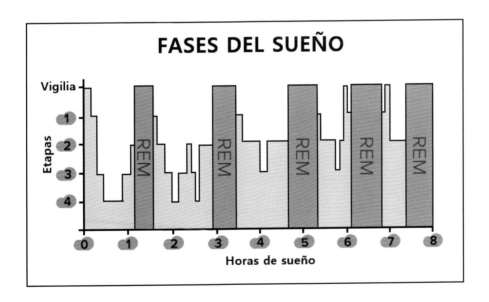

FASES DEL SUEÑO

CÁMARAS HIPOBÁRICAS

Ya se ha hablado, en el capítulo sobre el entrenamiento de maratón, de cómo funciona el entrenamiento en altura y los beneficios que conlleva. **El simple hecho de vivir en altitud se puede considerar «entrenamiento invisible»**, pero existe una opción igual de válida para aquellos que no viven en altitud y quieren realizar este entrenamiento invisible: el uso de las cámaras hipobáricas.

Estas cámaras empezaron desarrollándose para los estudios espaciales y de condiciones en altitudes extremas, como las de las altas cumbres. Al principio, como todo, eran habitaciones muy grandes y solo al alcance de unos pocos bolsillos (universidades, la NASA...), pero ahora cuestan mucho menos y se parecen más a una tienda de campaña. En estas tiendas, el deportista puede colocar su cama y escoger a qué altura quiere dormir. Luego, el compresor disminuirá la concentración de oxígeno dentro de la tienda de campaña y las condiciones serán similares a las de la altitud.

Este método tiene la ventaja de incrementar el número de glóbulos rojos en sangre (el principal beneficio de la altitud) sin afectar a la calidad del entrenamiento por culpa de esa misma altitud (entrenando en altitud cuesta más llevar ritmos rápidos). De esta manera, se puede entrenar a alta velocidad mientras se descansa a cierta altitud simulada.

Pero como no es oro todo lo que reluce, continuamente aparecen estudios que divagan sobre cuál es el mejor método de entrenamiento: vivir «arriba» y entrenar «abajo» (el ejemplo de las cámaras hipobáricas), vivir y entrenar arriba o, incluso, vivir abajo y entrenar arriba, para exigir mucho más al organismo y, por lo tanto, obligarle a adaptarse todavía más. Las opciones son múltiples y los beneficios, siempre que se evite el sobreentrenamiento, son visibles en todas ellas.

MASAJE

El masaje forma parte del entrenamiento invisible y **es un ingrediente fundamental para el rendimiento**. Lo que no está del todo claro es el mecanismo a través del cual nos ayuda. Pero, aunque solo fuera por su efecto placebo, bienvenido sea el masaje.

Como es lógico, hay muchas maneras de dar un masaje, y esta es la razón principal por la que los efectos pueden ser difíciles de homogeneizar. Algunos fisioterapeutas prefieren apretar más, mientras que otros se quedan en un masaje más superficial. Unos mueven las manos de manera más rápida y enérgica, y en cambio otros amasan mucho más los músculos. ¿Cuál es, entonces, el mejor masaje? La respuesta es prácticamente imposible y queda a merced del gusto de cada cual.

Un masaje bien dado, en especial si está orientado a la recuperación de un esfuerzo intenso, debería buscar los siguientes efectos:

El retorno venoso

Una de las consecuencias habituales del ejercicio físico es la pesadez que queda en las piernas debido al acúmulo de sangre y sustancias de desecho. Aunque no todos los estudios aseguran que el masaje pueda ayudar a la eliminación de sustancias de desecho, sí es verdad que el efecto de drenaje ayuda al retorno de la sangre acumulada en las piernas.

La reparación de microrroturas

El masaje puede aumentar la circulación sanguínea en un músculo y este fenómeno, por su parte, mejorar la reparación del tejido. Por este motivo, y con la condición de que el masaje no sea lo bastante intenso como para aumentar el daño previo, se puede suponer que un masaje de descarga favorecerá la recuperación de los microtraumatismos.

La reducción de la stiffness

Stiffness significa «rigidez» pero la palabra española es demasiado intensa para definir el proceso de agujetas o similar presente en el músculo, y que se manifiesta sobre todo después de un ejercicio intenso. Esta *stiffness* se puede reducir con el masaje de descarga (en parte por el habitual aumento de la circulación sanguínea, pero también por el continuo amasamiento del músculo, que aumenta las propiedades viscoelásticas de este).

La recuperación inmunológica

Algunos estudios han llegado a la conclusión de que un masaje de descarga inmediatamente después del ejercicio intenso favorece la recuperación de nuestro sistema inmune (aquel que se ocupa de las defensas del organismo). Por desgracia, este beneficio no está confirmado por todos los estudios y, además, el masaje está contraindicado en personas que padezcan fiebre.

En general, los efectos del masaje son difíciles de cuantificar y están muy condicionados por aspectos subjetivos: habilidad del terapeuta, entorno donde se realiza el masaje, duración del mismo e incluso estímulos externos como la temperatura, la luz y la música que acompañan a la sesión. Por esta razón, los beneficios del masaje son casi exclusivos de cada persona y mi consejo es que utilices el masaje de descarga de manera habitual, pero buscando quién es el mejor fisioterapeuta para ti.

Como normal general, utiliza el masaje de descarga después de las sesiones intensas de entrenamiento y, en especial, después de las competiciones, pero permite que pasen al menos unas horas desde el esfuerzo o el masaje podría ser dañino (si, como es habitual, recibes un masaje al finalizar una carrera, que este sea suave y superficial).

JETLAG

El jetlag es un conjunto de síntomas que el cuerpo experimenta por culpa de un desfase en los ritmos circadianos: fatiga, hambre, deshidratación, sueño no reparador, irritabilidad, molestias digestivas... No podemos decir que padecer el jetlag sea un entrenamiento invisible, pero sí lo es el hecho de prepararnos para ello y facilitar que su efecto sobre nuestro rendimiento deportivo sea el menor posible. Esto sí es entrenamiento invisible del bueno.

Los ritmos circadianos son los que dominan nuestro reloj interno. Se basan en las horas de sol y las de oscuridad. Si al viajar atravesamos varias franjas horarias, el cuerpo se desequilibra y tarda en adaptarse, de manera aproximada, un día por cada franja horaria que se ha cruzado. Si, por ejemplo, viajas de España a Nueva York, cruzas seis franjas horarias. Lo ideal es que llegaras a Nueva York seis días antes de la maratón.

Los síntomas afectan de manera particular a cada persona y, en general, es más fácil minimizar los efectos del jetlag si viajamos hacia el oeste que hacia el este. La razón es sencilla: hacia el oeste la sensación es de trasnochar un poco (ir a dormir dos, tres,

cuatro horas más tarde de lo habitual, levantándonos también más tarde). Hacia el este, en cambio, se trata de irnos a dormir mucho más pronto de nuestra hora, y esto siempre es difícil porque no tenemos sueño.

Pero, para entrar en materia, he aquí varios consejos que deberías seguir si quieres minimizar los efectos del jetlag:

- **Antes de viajar:** Adaptar tu rutina al horario de destino (si viajas al este, acostarte antes de lo habitual; si viajas al oeste, retrasar la hora de ir a dormir).

- **Durante el viaje:** Programa en el reloj la hora de destino y adapta tus hábitos a ella (si en el destino es de noche, intenta dormir; si es de día, mantente despierto).

Evita el alcohol y bebe más agua o zumos para evitar la deshidratación.

No comas más de la cuenta.

• **Al llegar al destino:** Sal a caminar si es de día, que te toque el sol (así le indicas a tu cuerpo que ese es el nuevo horario a seguir).

Evita las siestas o, en todo caso, limítalas en duración (nunca más de una hora).

Entrena de manera suave los primeros días; tu cuerpo lo agradecerá.

Por último, pero no menos importante: confía en tu preparación previa. Las últimas noches antes de competir no afectarán negativamente a tu resultado si has trabajado correctamente y has descansado bien.

SAUNA

Ya he hablado de los beneficios de la sauna en el apartado sobre correr con calor extremo. Poco más se debe añadir aquí, salvo que **se trata de uno de los entrenamientos invisibles más agradables de practicar** (incluso más que el masaje, que en ocasiones es doloroso).

La sauna ayuda a conseguir esa relajación postejercicio como casi ningún otro método. La oscuridad y casi insonorización de las saunas las dotan de un grado extremo de placidez que contribuye al descanso total del cuerpo y de la mente. Quién no se ha quedado casi dormido al darse una sauna; señal de que el estado de relajación es casi máximo.

BAÑO DE CONTRASTE

Esta técnica, **consistente en combinar baños cortos de agua caliente y de agua fría**, sirve tanto para el tratamiento de algunas lesiones que cursan con inflamación como para relajar la musculatura después de un esfuerzo importante.

Como tratamiento, pocas son las opciones en el mundo del deporte tan sencillas (y efectivas) como el baño de contraste. Por supuesto, no sirve para todas las lesiones, pero es de gran ayuda tanto en las periostitis como en otras dolencias que influyen en el hueso. El procedimiento es el siguiente:

1. Llena dos cubos de agua: uno con agua caliente alrededor de los 40 °C y otro con agua fría (por debajo de los 8 °C). Piensa que con el paso de los minutos el agua caliente ya no será tan caliente ni el agua fría será tan fría, así que prepara los cubos justo en el momento de empezar el tratamiento.

2. Cronómetro en mano, empieza sumergiendo la zona lesionada en el agua caliente durante un minuto y después otro minuto en el agua fría. Lo ideal es que repitas este ciclo hasta 5 veces (en total serán 10 minutos) y acabes el tratamiento en el cubo de agua fría.

Estos intercambios de temperatura fomentan el aporte de sangre a la zona lesionada, proporcionando nutrientes para su reparación y favoreciendo la eliminación de sustancias de desecho (como los metabolitos que se acumulan con la fatiga). Por esta razón, es igual de válido como entrenamiento invisible que como tratamiento de lesiones. Asimismo, resta pesadez a las piernas y crea una cierta analgesia que simula frescura.

Si así lo deseas, puedes usar los baños de contraste en cualquier momento, aunque lo ideal es después de las sesiones más fuertes de entrenamiento o incluso después de las competiciones. Si tienes acceso a una sauna, puedes crear un gran contraste al sumergirte (o ducharte) en agua fría justo tras salir de ella. Aunque pueda costar, la sensación de frescura de piernas al terminar es difícil de igualar incluso con un masaje.

SONRÍE

Las opciones de entrenamiento invisible son tantas que a veces cuesta decidir cuáles de ellas incluir en este capítulo. Sonreír, por ejemplo, podría parecer forzado, pero tiene su justificación y ahora lo verás. Para empezar, ¿sabías que **Eliud Kipchoge** usa esta técnica en sus maratones?

Cuando el atleta keniano corrió en el circuito de Monza aquel intento de Nike de romper la barrera de las dos horas (el llamado Breaking2), muchos espectadores se percataron de que parecía sonreír durante los últimos kilómetros. Justo cuando más le costaba mantener el ritmo. ¿Se trataba de un reflejo del esfuerzo o de una acción consciente con un objetivo concreto? Pues lo segundo. Un estudio de la Universidad de Ulster encabezado por Noel Brick da en el clavo: sonreír mientras corremos mejora la economía de carrera en más de un 2%. Y esto es suficiente como para ponerlo en práctica, de verdad.

En el citado estudio, los voluntarios tuvieron que correr con distintas órdenes: sonriendo, frunciendo el ceño, relajando las manos (como si sujetaran una patata frita entre el pulgar y el índice sin romperla) o con su estilo propio. Curiosamente, fruncir el ceño no empeoraba la economía de carrera, simplemente producía los mismos resultados que correr con las manos relajadas o con el estilo propio.

Aunque es cierto que hacen falta más estudios para demostrar la validez de los resultados, la sugerencia está ahí. Sonreír (intentando que no sea solo en la comisura de los labios sino también alrededor de los ojos) implica un estado de relajación y esto puede disminuir la actividad del sistema nervioso simpático. Este sistema es el encargado de acelerar el pulso y la tensión en los músculos; es decir, si reducimos su actividad, nuestro pulso puede disminuir ligeramente y nuestros músculos estar menos tensos, lo que se traduce en un estilo de carrera más fluido y económico.

EL DÍA D

EL DÍA D

05

La maratón es una distancia tan larga que requiere una preparación suficiente para poder superarla con garantías. Si bien es cierto que algunas maratones todavía tienen dorsales a la venta durante la semana de la carrera, lo ideal es apuntarnos con al menos tres meses de antelación. Y, si quieres correr en una maratón con gran demanda, incluso con medio año.

Esta antelación es necesaria para colocar todos los entrenamientos previos, para prepararnos física y mentalmente, así como para disponer de tiempo para maniobrar si algún detalle no está saliendo tan bien como nos gustaría. A medida que la fecha se acerca, cada vez hay menos margen de maniobra. De hecho, una vez llegada la semana previa al día D, es mejor no intentar corregir nada. Lo hecho, hecho está, y lo más importante es no estropearlo. De ahí la importancia de la semana previa a la carrera: un error puede enviarlo todo al traste.

LA SEMANA PREVIA

En la semana previa a la maratón, el entrenamiento pasa a ser secundario. Lo que no se haya entrenado ya, es mejor no entrenarlo. Porque, para la maratón, lo más importante es llegar descansado. Este freno en los entrenamientos de los días previos a la carrera se conoce como *tapering*.

¿Qué es el tapering y cómo se hace?

El *tapering* es la parte del entrenamiento enfocada a reducir tanto el volumen como la intensidad de cara a una competición muy importante, sin llegar a «desentrenarnos». Bien hecho, incrementará bastante nuestro rendimiento el día de la carrera.

El objetivo del entrenamiento es crear estrés en el cuerpo para que se adapte, pero esta adaptación no es instantánea y requiere la famosa compensación para que sea efectiva. Al día siguiente de entrenar o de competir, lo más normal es que estemos en peor estado de forma (más cansados, menos explosivos...). Pero, una vez que nuestro cuerpo haya conseguido adaptarse a esa carga, nuestro estado de forma mejorará. Así funciona el entrenamiento: un continuo estímulo de carga y descanso que tiene que estar dosificado en equilibrio para no pasarnos ni quedarnos cortos.

A lo largo de las semanas de preparación para la maratón, el estado de forma mejora considerablemente, pero también crece la fatiga. Con el *tapering* se busca que la fatiga desaparezca por completo y el estado de forma dé un salto de calidad de hasta el 6% (aunque lo habitual es que se quede en un 3%, según la mayoría de los estudios).

En España tenemos a un experto en el tema, el científico Iñigo Mujika, que concluye que la importancia en el *tapering* es reducir el volumen del entrenamiento pero no la calidad. Así, su consejo es bajar el volumen semanal hasta el 60-90% durante las tres últimas semanas, pero sin reducir en gran medida la frecuencia de las sesiones.

En cuanto a la calidad, lo ideal será mantenerla en la misma intensidad o solo ligeramente inferior a las semanas previas para no llegar demasiado fofos a la competición. De este modo, si hacíamos 10 series de 1000 en el momento de carga, podemos bajar hasta 6, pero manteniendo la misma intensidad. Y, si queremos, aumentando un poco el tiempo de recuperación para reducir el impacto de la fatiga.

En función de tu nivel deportivo, puedes retrasar más o menos el inicio del *tapering*. Los atletas de élite apenas bajan el nivel de los entrenamientos hasta la misma semana de la maratón, pero para la mayoría de los mortales será conveniente ajustar la carga y la intensidad desde las últimas tres semanas.

A la reducción del entrenamiento hay que sumar el tiempo dedicado a desplazarnos hasta la ciudad o el país donde se disputa la maratón. Y quizá también el jetlag, del que ya se ha hablado. Por esta razón, mi consejo para los debutantes es que escojáis la maratón más cercana a vuestro lugar de residencia para debutar, ya que así se controlan mucho mejor todos los factores que afectan a la semana previa de la maratón: el descanso, la comida y los horarios.

En cuanto a la comida, al igual que sucede con el entrenamiento, la condición principal es no hacer inventos. Quizá podemos reducir un poco la ingesta porque estamos entrenando algo menos, aunque no es tan importante. Lo que sí resulta de vital importancia es incrementar ligeramente la proporción de hidratos de carbono en los días previos: pasta, arroz, pan, patatas, fruta..., pero siempre dentro de los platos habituales en nuestra dieta. Y, si viajas al extranjero para correr tu maratón, refúgiate en los restaurantes italianos.

Algunos atletas de élite optan por la dieta disociada (véase el capítulo sobre la alimentación). Se trata de reducir drásticamente la ingesta de hidratos de carbono durante algunos días para introducirlos de nuevo de manera casi exclusiva los tres o cuatro días previos a la maratón. Aunque parece tener beneficios en el rendimiento, en la mayoría de los casos es algo parecido a un invento en la semana previa y yo no lo recomiendo para los corredores amateurs.

Lo que sí recomiendo, tanto para los atletas de élite como para los más aficionados, es darse un masaje de descarga la semana previa a la maratón. No lo dejes para el día previo, sino más bien para cuando queden cuatro o cinco días. Tus piernas eliminarán parte de la fatiga con el masaje, pero sin quedarse aplatanadas o faltas de tono; algo que sí podría suceder si retrasas el masaje hasta las 24 horas previas a la carrera.

EL DÍA PREVIO

Para los buenos maratonianos, el día anterior a la carrera es el más aburrido del año. Para los demás, es el día donde se fastidia casi todo.

El trabajo está hecho y lo ideal es que nos pasemos el día entero descansando: algo a lo que no estamos nada acostumbrados. Se trata de mover un poco las piernas con un trote mañanero, comer bien sin abusar y dormir o estar tumbados el mayor número de horas posibles. Podemos leer, ver una película, escuchar música... Pero no debemos ir a la feria del corredor ni de turismo por ahí, que es lo que se suele hacer.

Caminar o estar de pie en exceso nos añadirá cierto grado de fatiga que al día siguiente nos perjudicará. La feria del corredor, ese evento donde los patrocinadores y las tiendas nos tientan con tantas ofertas, es el gran mal del maratoniano en el día previo a la maratón. Mi consejo es que visites la feria dos días antes de la maratón y dediques el día previo a descansar por completo, hasta aburrirte.

Y cena antes de tu hora habitual. Te ayudará a romper el aburrimiento de la tarde previa a la maratón y a digerir bien la cena hasta que sea la hora de dormir. Hora de dormir que también deberías adelantar lo máximo posible porque las maratones suelen celebrarse pronto en domingo y es necesario madrugar. Para ello, evita ver la tele (y el móvil) durante largos ratos una vez hayas cenado o te costará bastante conciliar el sueño.

Por último, aunque esto ya es un consejo mucho más personal, deja el teléfono en modo avión y utiliza la llamada despertador del hotel en lugar de la alarma del móvil para despertarte.

EL GRAN DÍA

Es posible que hayas dormido menos de lo que habías planeado. Es posible, también, que te hayas despertado varias veces por miedo a quedarte dormido. Todo esto no solo es posible sino que además es habitual. Y no pasa nada. La noche más importante para descansar es la penúltima (la del viernes al sábado, en la mayoría de los casos). Por lo tanto, si ya estás en la mañana del día de la carrera, no te preocupes por haber dormido algo menos de lo que querías. **Tu cuerpo está listo y es hora de demostrarlo**.

Te desperezas, te lavas la cara o incluso te das una ducha rápida para notarte más despierto y vas a desayunar. El objetivo del desayuno no es llenar los depósitos para la carrera (esto ya lo hiciste en la cena de ayer), sino evitar la sensación de hambre desde ahora hasta que empieces a correr. Sobre todo, se trata de no llegar con el estómago demasiado lleno a la línea de salida. Por esta razón, muchos maratonianos deciden desayunar cuatro horas antes de la carrera. Si te parece demasiado pronto, al menos que sean tres horas. Esto te garantiza que cuando empieces el calentamiento y la maratón tu estómago habrá acabado ya la digestión.

Otra cuestión importante, incluso más que la hora del desayuno, es qué comer el día de la carrera. Y la respuesta, sin poder dar un menú ideal, es muy sencilla: desayuna lo que estés acostumbrado a desayunar. Si eres de dos tostadas y café con leche, el mejor desayuno el día de la carrera será dos tostadas y café con leche. Si eres de los que empiezan el día con fruta, pues ese es tu desayuno ideal. Y si eres de los que no desayunan..., ahí tenemos un pequeño problema, pero de fácil solución: come algo, muy poquito, para no tener que correr en ayunas. Mi consejo, no obstante, es que vayas practicando desayunos ligeros al menos los días que te toque tirada larga, para ir adaptando tu estómago y tu apetito a comer algo cuando no hay ganas.

Por lo tanto, en lo que respecta al desayuno, no copies a nadie, aunque tu compañero de mesa se sorprenda al verte tomar un tazón de cereales tamaño XXL o incluso un par de lonchas de beicon. Si ese es tu desayuno habitual, adelante. Estás haciendo lo correcto.

Terminado el desayuno, y como todavía queda bastante para la maratón, mi consejo es que descanses un poco. Algunas maratones, como por ejemplo la de Nueva York u otras igualmente multitudinarias, requieren una logística especial para llegar a línea de salida y no debes despistarte: cumple los tiempos y desplázate con suficiente antelación. Pero si tu maratón es más pequeña o tu hotel está muy cerca de la salida, descansa un poco en la habitación hasta que sea hora de empezar a calentar.

El calentamiento previo a una maratón es muy sencillo. Más que poner el cuerpo a punto, lo que hacemos es preparar la mente: confirmar que el cuerpo está en condiciones de afrontar el reto, que las zapatillas, los calcetines y toda la ropa que llevemos para competir no nos molestan en absolu-

to (es el momento de aplicar vaselina por el cuerpo y notar que no existen roces) y que la temperatura es adecuada para la ropa que llevamos.

En general, con 10 minutos de trote suave y quizá un par de progresivos será más que suficiente para empezar la carrera. Y, de hecho, si tu objetivo está por encima de las tres horas, con cinco minutos ya vale. Siempre se pueden usar los primeros 5 kilómetros de la maratón para entrar en calor.

Mientras esperamos el comienzo en la línea de salida, lo que en ocasiones puede significar un buen puñado de minutos, es importante no quedarnos fríos. Una sudadera o una camiseta de esas que no te importa regalar pueden ser un compañero ideal si la temperatura es fresca. Al iniciar la carrera te la puedes quitar y lanzarla a la cuneta, donde muchas maratones se encargan de recogerlas y repartirlas entre asociaciones locales tipo Cáritas para las personas necesitadas. Otra opción, menos ecológica pero igualmente válida, es usar una bolsa de basura de las grandes como si fuera un chubasquero.

Y empezamos.

Al iniciar la maratón, es posible que tengas un objetivo de tiempo concreto. Si has entrenado bien, el ritmo debería parecerte cómodo y, por lo tanto, puedes usar los primeros 5 kilómetros para ir entrando en calor, buscar tu grupo y notarte lo más relajado posible.

Dónde aplicar vaselina

Por muy rápido que se corra la maratón, dos horas (o tres, o cuatro) repitiendo el mismo gesto generan mucho roce que puede formar heridas en la piel tan dolorosas que nos impidan acabar la carrera. Y no es broma.

Un poco de vaselina bien aplicada es suficiente para prevenir este problema. En general, las zonas más propensas a sufrir rozaduras son las axilas, las ingles, los pezones (más en los hombres, por el roce directo entre la camiseta y los pezones; aunque las mujeres deben prestar mucha atención al sujetador que usen) y los dedos de los pies.

En el mercado se pueden encontrar vaselinas en formato roll-on que son ideales para aplicar sin embadurnarnos las manos. Si optamos por los formatos más tradicionales, aplicando la vaselina con nuestras propias manos, debemos prestar mucha atención a lavárnoslas al terminar. Correr una maratón con las manos untadas de vaselina es una sensación no solo desagradable, sino que nos puede dificultar el agarre de los avituallamientos.

Es muy habitual que las maratones coloquen liebres a ritmos «redondos»: tres horas, tres horas y media, cuatro horas... Si alguno de los ritmos de las liebres coincide con el tuyo, anímate a correr en ese grupo y déjate llevar. Puede ser, no obstante, que el grupo que sigue a la liebre sea tan numeroso que correr ahí sea realmente incómodo. Si esto ocurre, utiliza a la liebre como referencia y corre 50 metros por delante o 50 metros por detrás, allí donde te sea más fácil trazar las curvas, tomar los avituallamientos y no modificar tu zancada en ningún momento. Con el paso de los kilómetros, y sobre todo a partir de la segunda media maratón, el grupo que acompaña a la liebre será mucho menor y ya podrás pegarte ahí como una lapa.

Se dice a menudo que la maratón empieza en el kilómetro 30, y no le falta razón a esta frase, pero esto no significa que los primeros 30 kilómetros no cuenten para nada. De hecho, la «carrera» que hagamos desde ese momento hasta la línea de meta dependerá en gran medida de cómo hayamos empezado. Si dividimos la maratón en dos mitades, existen tres maneras de correr: ambas medias maratones en el mismo tiempo, la primera más rápida (pinchando en la segunda) o la segunda más rápida (acelerando al final). Si bien es cierto que lo ideal es correr toda la distancia a ritmo, los mejores maratonianos son capaces de acelerar en la segunda parte; es lo que se llama «correr en negativo» o negative split. Sin embargo, a la mayoría de los mortales la segunda mitad se nos vuelve cuesta arriba y acabamos corriendo en positivo y descubriendo cómo nuestra marca soñada se nos escapa de las manos en esos terribles kilómetros finales.

¿Cómo se corre una maratón?

Existen muchas maneras de gestionar el esfuerzo a lo largo de una maratón, pero lo lógico sería el negative split.

Cuando corremos a nuestro máximo nivel, el aporte energético destinado a nuestros músculos es uno de los factores limitantes. Así, cuando se corren 100 metros al máximo, la energía disponible de forma inmediata se agota al cabo de 6 o 7 segundos. Esto implica que antes del final de la carrera se habrá acabado este tipo de energía y perderemos velocidad. Lo mismo ocurre en las carreras de 200, 400 y 800 metros.

A partir del 1500, la estrategia energética es diferente. Se corre a ritmo alto, pero sin utilizar la energía de disponibilidad inmediata, que se guarda para el último esprint. De este modo, la velocidad final es más alta que la registrada a mitad de la prueba. Esto es válido para las carreras de 3000, 5000, 10 000... ¿Y la maratón?

Se ha discutido mucho sobre cuál es la mejor manera de correr una maratón, pero todo parece indicar que sigue el mismo patrón que el 10 000: ritmo alto de crucero durante toda la prueba e incremento de velocidad hacia el final. El problema es que la maratón es muy larga y quizá lleguemos al final con energía disponible pero sin fuerzas para mover las piernas. Entonces, ¿qué habrá fallado? Si cuando corres una maratón no consigues ese incremento final de velocidad, se puede deber a dos situaciones:

1. Has empezado demasiado rápido (has gastado una energía que no tocaba en ese momento).

2. Te ha faltado entrenamiento para aguantar muscularmente la distancia.

El muro

El muro es esa sensación de impotencia que se padece (aunque no siempre) en los kilómetros finales de la maratón. Otros nombres más pedestres son «el hombre del mazo» o «la pájara».

Como ha quedado explicado en el recuadro «¿Cómo se corre una maratón?», la manera ideal de correr la distancia es acelerando en la parte final. No obstante, para ello necesitamos cumplir dos requisitos muy importantes: el primero de ellos es estar muy bien entrenados para la distancia, y el segundo, tener un aporte de energía suficiente para seguir moviéndonos al mismo ritmo.

Para estar entrenados correctamente, mi consejo es tener un volumen de kilometraje semanal cercano o superior a los 100 kilómetros (al menos para corredores con aspiraciones cercanas a las tres horas o menos), e incluir varias tiradas largas superiores a los 30 kilómetros por sesión, llegando incluso a los 40 kilómetros si tu objetivo es cercano a las dos horas y media para los hombres y tres horas para las mujeres. En cuanto al aporte energético, es necesario ingerir bebidas con hidratos de carbono de fácil absorción y quizá también algún gel. Algunas nuevas tendencias apoyan el uso de la grasa en deportes de larga duración (la llamada dieta alta en grasas y baja en hidratos de carbono). Aunque sobre el papel tiene su lógica (véase, dentro del capítulo «Alimentación», el apartado «LCHF») y puede ser efectiva en el caso de maratonianos lentos, su eficacia en el máximo nivel es inexistente. Y te lo digo yo, que lo he intentado. Si alguno de estos dos ingredientes falta en tu maratón (falta de entrenamiento, falta de energía), alrededor del kilómetro 30 sufrirás el muro. Tus piernas pesarán cada vez más, tu ritmo decaerá y es posible que acabes andando.

Si te sirve de consuelo, muchos corredores afirman que no eres un verdadero maratoniano hasta que no has sufrido, al menos una vez, el muro.

Por lo tanto, cuando empiece la maratón, escoge muy bien tu ritmo de inicio. De ello dependerá en gran parte tu tiempo final. Y disfruta. La maratón es lo suficientemente larga como para disfrutar del camino: siéntete acompañado aunque no hables con los demás corredores, mira a tu alrededor aunque no analices lo que estés viendo, olvídate del cronómetro durante varios kilómetros aunque ello signifique no saber a cuánto has pasado el último parcial, bebe en cada avituallamiento y saborea la bebida, prémiate con un gel (que lleves en el bolsillo de tu pantalón o mallas) en el kilómetro 20 y otro en el 30. En una palabra: disfruta.

Tanto si te va bien como si te va mal, lo más probable es que acabes cruzando la línea de meta, y esto ya debe ser motivo suficiente para que te sientas feliz. Recoge tu medalla conmemorativa, hidrátate, come algo de fruta o de fácil absorción, date un ligero masaje si la cola no es demasiado larga y busca a los tuyos. Lo creas o no, para ellos también ha sido una maratón llegar hasta aquí: aguantar tus incontables entrenamientos, acompañarte hasta la salida, recorrer el circuito en varios puntos para animarte y esperarte en la línea de meta. Dales las gracias porque sin su ayuda no lo habrías conseguido.

Y celébralo. No te pases con la celebración, pero celébralo. Has llevado tu cuerpo al límite y esto se merece un poco de manga ancha. Un consejo que te doy es que comas bien y con predominio de proteínas. Tus músculos han sufrido una gran destrucción y necesitan proteínas en buena cantidad (y calidad) para reconstruirse. Un buen filete es quizá el mejor almuerzo que puedes tener después de una maratón.

Y descansa. Quizá te cueste dormir esa noche porque las piernas duelen demasiado. Pero estar estirado ya es una forma de descansar y tu cuerpo te lo agradecerá. De hecho, si me lo permites, coloca un par de cuñas debajo de las patas posteriores de tu cama (las de la zona de los pies) para crear un ligero ascenso en los miembros inferiores. Es decir, para favorecer el retorno venoso de modo que el líquido acumulado en pies, tobillos y pantorrillas pueda regresar más fácilmente al torrente sanguíneo.

EL DÍA DESPUÉS

Hace ya algunos años, cuando una conocida marca de margarina era el patrocinador principal de la maratón de Londres, lanzó una campaña publicitaria digna de premios e insultos a la vez. En el anuncio se veían personas con dificultades para realizar acciones habituales del día a día: subir un puñado de escaleras, ponerse los calcetines, cruzar un paso de cebra antes de que este se ponga en rojo, pasar la pierna por encima del asiento de una moto para subirse en ella... Y todo acababa con un mensaje: «Here's to the one part of your body that doesn't hate you right now: your heart» (Aquí está la parte de tu cuerpo que no te odia en este momento: tu corazón).

Dejando de lado el debate sobre la posible relación entre la margarina y un corazón sano, lo cierto es que tu cuerpo puede estar hecho trizas después de la maratón, pero debes sentirte orgulloso de ti mismo y saber que, si habías entrenado para ello, acabas de rejuvenecer varios meses (o incluso años). Sin embargo, esa satisfacción no te quitará el dolor de piernas.

Caminar, bajar escaleras y otras acciones que antes te parecían muy sencillas, hoy serán casi imposibles. Son las consecuencias de un esfuerzo titánico pero que es, a su vez, el paso previo para tener un cuerpo más fuerte. Porque las personas, a diferencia de las ruedas de los coches, nos hacemos más fuertes con el uso (de ahí que no debas creer a nadie que te diga que te estás destrozando las rodillas: te las estás protegiendo).

Si está en tus manos disponer de un día festivo después de la maratón, aprovecha para dormir tanto como tu cuerpo te pida. Dormir es la mejor medicina contra la fatiga. Pero, una vez despierto, no te quedes todo el día en el sofá: caminar, nadar o incluso ir en bicicleta pueden ser buenos remedios para que el dolor que sufren tus piernas desaparezca antes. Y sigue ingiriendo comidas ricas en proteínas. Es el macronutriente más necesario para tu cuerpo en este momento.

También es importante que bebas agua, en especial si la carrera fue calurosa y el color de tu orina es más oscuro de lo habitual. La deshidratación es muy común después de una maratón y revertirla es sencillo. No lo pases por alto.

El dolor en las piernas desaparecerá al cabo de pocos días, en función de tu estado de forma previo a la carrera. Si notas algo diferente a las agujetas, quizá sea recomendable visitar al médico para salir de dudas.

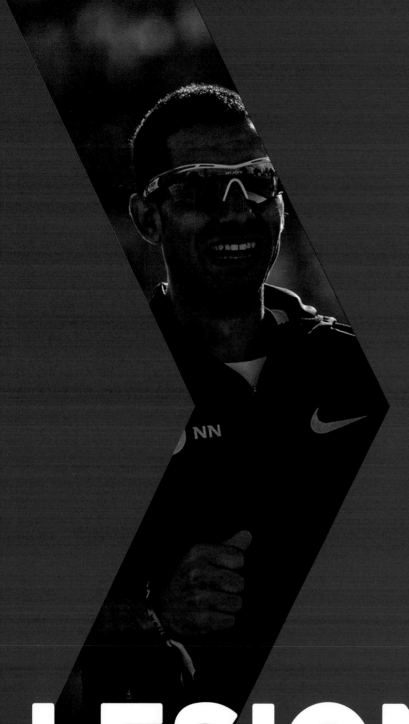

LESIONES

LESIONES

06

ANATOMÍA BÁSICA

El cuerpo humano es fascinante y está diseñado para moverse y para llevarnos lejos. La bipedestación, por ejemplo, es un diseño orientado a la movilidad ágil y, sobre todo, económico en términos de energía. Y la carrera a pie, en contraposición al caminar, lleva la eficiencia biomecánica hasta límites insospechados. Todo ello gracias a unos huesos, unos músculos y unos tendones pensados para que el cuerpo humano se desplace corriendo.

Los huesos son fuertes y livianos, capaces de soportar grandes cargas y ser anclajes para los tendones. Aunque parezcan inertes, están llenos de vida y por esta razón una fractura (si es simple y no desplazada) cicatriza en menos de tres semanas.

Los músculos son los generadores de movimiento. Los hay de todos los tamaños, formas y tipos, según su función sea más estructural o relacionada con la potencia. Responden al entrenamiento con mucha rapidez y especificidad: si este está orientado al aumento del volumen (hipertrofia), se volverán más grandes; si el entrenamiento está orientado a la creación de potencia, mantendrán su tamaño pero generarán más fuerza.

Los tendones, por su parte, son los anclajes que unen a los huesos con los músculos. En ocasiones se convierten en el eslabón más débil de la cadena porque su remodelación es lenta, muy lenta. Su color blanco indica que apenas reciben aporte sanguíneo, y este es su hándicap. Sin embargo, son resistentes y responden a las cargas con un aumento de tamaño y resistencia. Ahora bien, si la carga es demasiado elevada se dañarán, en cuyo caso convendrá reestructurar la carga para evitar males mayores. Si, por el contrario, la carga es demasiado pequeña perderán tamaño y se volverán más vulnerables. Esta es la magia de los tendones: necesitan una carga óptima, ni más ni menos.

En general, las lesiones ocurren porque existe una falta de equilibrio entre la cantidad de entrenamiento realizado y la capacidad de los tejidos para resistirla. Estas cargas pueden ser súbitas, como por ejemplo las que originan un tirón muscular en un esprint, o mantenidas a lo largo del tiempo, como por ejemplo las que determinan la aparición de una fractura por estrés.

Entre los maratonianos, las lesiones por cargas mantenidas a lo largo del tiempo son las más habituales. Aunque se dan de vez en cuando lesiones como esguinces, contracturas o quizá roturas musculares, los nombres que más se repiten son tendinitis (o tendinosis, ya hablaremos de la diferencia entre ambas), fractura por estrés, fascitis plantar y lesiones por el estilo.

Clasificar las lesiones para que sean fáciles de entender y de tratar (y más para lectores que quizá no tengan una base anatómica amplia) es algo difícil. Por esta razón, trataré las lesiones en función de su estructura. Y, en el capítulo inmediatamente posterior, daré pinceladas sobre aquellas lesiones que tienen nombre y apellido, para adaptar la explicación al caso concreto. Por poner un ejemplo, hablaré en un primer momento de lo que es la tendinitis o la tendinosis, y más adelante me extenderé sobre la rodilla del corredor, que es un tipo característico de lesión tendinosa con ciertas peculiaridades.

LESIONES POR ESTRUCTURA

1. Tendinopatía

La tendinopatía es toda aquella lesión que afecta al tendón. Durante muchas décadas, a casi cualquier dolor que sufriera el tendón se lo denominaba «tendinitis». Por suerte, con el avance de la ciencia se evidenció que el término era inexacto en muchas ocasiones, porque el sufijo -itis significa «inflamación» y, en muchos casos de dolor en el tendón, no se podían apreciar células inflamatorias. Lo que sí se podía observar era una degeneración de la propia estructura del tendón, fenómeno para el cual la lengua también tiene un sufijo: -osis. Por lo tanto, la nueva denominación era sencilla: tendinosis (degeneración del tendón).

De todos modos, en función de dónde se sitúe la degeneración o cuál sea en verdad la afección del tendón, se pueden diferenciar varias lesiones:

• **Tendinosis:** etimológicamente significa «degeneración del tendón» y no tiene ningún componente inflamatorio. Se suele producir por microtraumatismos de repetición (como el correr), aunque también se ve motivada por la edad o por problemas vasculares.

• **Tendinitis:** significa «inflamación del tendón» y es muy rara de encontrar a consecuencia de una sobrecarga, aunque el tendón puede inflamarse a causa de una enfermedad.

• **Paratendinitis:** significa «inflamación de la parte que recubre el tendón» y sí se puede producir por sobrecarga; en este caso, la inflamación se localiza en la vaina del tendón y es habitual en los tendones que se deslizan sobre un hueso.

• **Entesopatía:** significa «degeneración de la inserción», en este caso la del tendón, y se origina por el exceso de tracción-estiramiento que produce, por ejemplo, el correr.

Con las diferencias explicadas, el tratamiento queda mucho más claro. Si bien es cierto que la tendinitis es poco frecuente, no por ello hay que pasarla por alto. Así, en el caso de padecer una tendinitis, los principales objetivos serán dos: luchar contra la inflamación y eliminar la causa para evitar recidivas o cronificaciones.

Si se diera el caso de una tendinitis de origen infeccioso, lo mejor será acudir al médico; pero si se trata de un factor mecánico (por ejemplo, en el caso de la paratendinitis), la aplicación de hielo local puede ser una buena alternativa. Y no hay que olvidarse de localizar el motivo de esa inflamación: quizá el contrafuerte de la zapatilla (la parte trasera) es demasiado alto o duro, quizá nos hemos dado un golpe, quizá hemos empe-

zado a entrenar en un terreno demasiado blando que nos obliga a mover mucho más el tobillo, quizá hemos empezado a correr con mochila (o hemos engordado ligeramente), quizá hemos ido de excursión por la montaña y hemos andado durante horas principalmente cuesta arriba, o quizá nuestro tobillo está bloqueado y esto afecta a la correcta movilidad del tendón, por citar algunos ejemplos.

Sea cual sea la causa mecánica que está irritando e inflamando el tendón, lo lógico será eliminarla y reducir la inflamación. Si damos en el clavo, en muy pocos días la molestia desaparecerá y podremos retomar nuestra actividad habitual.

Tendinitis	Tendinosis
Es una lesión aguda.	Es una lesión con tendencia a la cronicidad.
Cursa con inflamación (producida por una infección, un exceso de fricción, un golpe...).	No cursa con inflamación sino con degeneración del colágeno del tendón (las fibras son de peor calidad [tipo III] y organizadas de manera no armónica); aumenta el contenido celular y la creación de nuevos vasos sanguíneos de nula eficacia.
Se soluciona con cierta rapidez.	Su completa recuperación es lenta (varios meses).
Es poco habitual (en comparación con la tendinosis).	Es bastante habitual (en comparación con la tendinitis).

El efecto de los antiinflamatorios

Existen muchas marcas de antiinflamatorios en el mercado y muchos deportistas hacen un uso indiscriminado de ellas. Casi cualquier dolor o molestia es susceptible de ser tratado (sin consultar a un médico) con un antiinflamatorio. Y el dolor se va, o no, pero ¿qué ocurre exactamente al tomar un antiinflamatorio?

En primer lugar, es necesario diferenciar los dos tipos principales de antiinflamatorios: los esteroideos y los no esteroideos (AINE). Los primeros no están al alcance sin receta médica, y además dan positivo en los controles antidopaje, así que no se deberían usar a menos que el médico lo estime muy oportuno. Pero los segundos, los famosos AINE, sí están disponibles sin receta médica y se suele abusar de ellos. Dentro de esta categoría están los famosos ácido acetilsalicílico (Aspirina) e ibuprofeno, aunque hay muchos más.

Estos antiinflamatorios tienen entre sus «víctimas» a las prostaglandinas. Las prostaglandinas se encargan de varias funciones, entre ellas la vasodilatación, que permite que llegue más sangre a los tendones. Es decir, el uso de antiinflamatorios disminuye la presencia de prostaglandinas y esto es un problema para la irrigación de los tendones.

Se sabe que el tendón, de por sí, tiene muy poco aporte de sangre, una de las razones por las que sus lesiones tardan tanto en curar. Pero también se sabe que el tendón multiplica su circulación sanguínea hasta por diez a causa del ejercicio físico. Cuanto más ejercicio físico (y más intenso), mejor aporte sanguíneo tendrán los tendones, mientras que si el ejercicio físico es escaso o de poca intensidad los tendones recibirán muy poca sangre y, como consecuencia, tendrán pocas opciones de repararse en caso de lesión.

Si a esta falta de irrigación sanguínea se le suma el uso de medicamentos antiinflamatorios, el panorama de curación del tendón se torna muy oscuro y se entra en un círculo vicioso del que resulta muy difícil salir: el tendón duele y por lo tanto tomo antiinflamatorios y no hago ejercicio, pero cada vez le llega menos sangre y por lo tanto no se cura, y cuando vuelvo a empezar me duele de nuevo.

Entonces, ¿qué hacer para evitar este círculo vicioso y recuperarse de una lesión tendinosa? En primer lugar, no tomar antiinflamatorios y, en segundo, hacer ejercicio con tanta intensidad como la lesión permita en ese momento.

De hecho, el ejercicio físico puede aumentar el aporte sanguíneo incluso cuando no se trabaja un tendón en particular. Es decir, si existe una lesión en el tendón de Aquiles izquierdo y duele tanto que no se puede hacer nada con él, trabajar el derecho nos ayudará a recuperarnos de la lesión en el izquierdo. Parece magia, pero funciona.

Si, en cambio, nos encontramos con una tendinosis…, será necesario andarnos con más cuidado. Aquí el tendón se ha degenerado y sus condiciones actuales son de menor calidad que las del tendón de serie: no puede soportar la misma fuerza ni la misma velocidad, además de producir cierto dolor. Pero esto no se traduce en un tratamiento basado en el descanso absoluto, pues la regeneración correcta del tendón necesita de ciertos estímulos. Me explico: un tendón sin estímulos quizá no dolerá, pero se debilitará; en cambio, un tendón con demasiados estímulos (o demasiado intensos) está en riesgo de romperse. Por lo tanto, el término medio es la dosis ideal.

Para conseguir el término medio se suele usar la percepción subjetiva del dolor. Es decir, si en una escala del 0 al 10 el 0 significa ausencia de dolor y el 10 dolor insoportable,

lo ideal sería ejercitar el tendón con molestias de valor entre 2 y 4. Si es menor de 2, el estímulo es demasiado pequeño y no favorecerá la formación de un tendón fuerte; si es mayor de 4, el estímulo es demasiado grande y posiblemente estemos dañando todavía más el tendón o retrasando innecesariamente su recuperación.

2. Fascitis o fasciosis

La fascia es un tejido muy similar al tendón: blanco, resistente y rico en colágeno. Tanto se parece al tendón que, en la nomenclatura correcta de las lesiones, el término fascitis (poco común en realidad) está siendo apartado por el de fasciosis. Lo mismo que está ocurriendo con tendinitis y tendinosis.

Aunque puede haber lesiones de la fascia en varias partes del cuerpo, lo más habitual es que se produzcan en la planta del pie. En ese caso, la lesión lleva nombre y apellido (fascitis plantar) y se tratará como tal en el siguiente apartado.

Fue en el año 2003 cuando apareció un artículo estupendo de Harvey Lemont, de la Escuela de Medicina Podológica de la Universidad del Temple de Filadelfia (EE. UU.), titulado «Plantar Fasciitis: A Degenerative Process (Fasciosis) Without Inflammation» (Fascitis plantar: un proceso degenerativo [fasciosis] sin inflamación), en el que se demuestra que la famosa fascitis plantar no debería denominarse así, ya que si se observa con un microscopio electrónico la fascia plantar de un paciente que refiere dolor en el talón, apenas se encuentran células inflamatorias. Entonces, ¿qué se encuentra?

El equipo del doctor Lemont observó que los pacientes que sufrían la llamada fascitis plantar presentaban las fibras de colágeno fragmentadas y degeneradas, además de focos de calcificación, especialmente en la parte más cercana al hueso calcáneo. Por esta razón, todos los tratamientos que fueran orientados a luchar contra la inflamación tendrían muchas opciones de fracasar.

El correcto tratamiento de las lesiones de la fascia es el mismo que el de las tendinosis: producir ejercicio dentro de unos parámetros controlados que estimulen la reconstrucción del tejido, evitando el estiramiento y las cargas excesivas.

3. Fractura por estrés

Las fracturas por estrés (o fracturas de estrés) son el resultado de un desequilibrio entre las actividades destructora y remodeladora del hueso, donde la primera (destrucción ósea) es mayor que la segunda (reparación ósea). Aunque a simple vista se diría que el hueso es una parte inerte de nuestro cuerpo, está vivo y como tal se comporta: se destruye y repara continuamente en función del entrenamiento, la dieta, la edad y muchos otros factores que mueven la balanza hacia un lado o hacia el otro.

El entrenamiento afecta a los huesos de dos maneras: mediante la tracción de los músculos y mediante la compresión de los impactos. En ambos casos tienen lugar pequeñas destrucciones óseas que son un estímulo para que el hueso se haga más fuerte, lo que sucederá si el descanso es suficiente y la dieta le aporta los nutrientes necesarios para ello.

Siempre que la actividad destructora del hueso sea mayor que la remodeladora, el hueso sufrirá una situación de estrés que aumentará su volumen (edema óseo) y, si se mantiene el desequilibrio, desembocará en una microfractura, que es el paso previo a la fractura por estrés. Aunque las fracturas por estrés están muy presentes entre los corredores —sobre todo entre los maratonianos y demás fondistas—, la prevención es el mejor tratamiento para evitarlas.

Las fracturas por estrés más habituales en los corredores de fondo se localizan en la tibia, en los metatarsianos (huesos de la planta del pie) y en el cuello del fémur. Es muy frecuente que no se visualicen en las radiografías, por lo que una resonancia magnética será la mejor manera de estar seguros.

Existen varios factores de riesgo que aumentan las posibilidades de padecer fracturas por estrés, algunos de ellos controlables (extrínsecos) y otros no (intrínsecos):

Extrínsecos	Intrínsecos
Demasiados kilómetros semanales, o bien aumento desproporcionado de una semana a otra.	Baja densidad ósea.
Poco y/o pobre reposo para los huesos.	Bajo aporte de calcio y de vitamina D en la dieta.
Cambio de superficie de entrenamiento (de tierra o hierba a asfalto o tartán).	Mala biomecánica de carrera o disimetrías de los miembros inferiores.
Calzado inapropiado (sin amortiguación) o demasiado viejo.	En el caso de las mujeres, menstruaciones irregulares o amenorrea.

Sobre los intrínsecos, poco podemos hacer al respecto (cuidar especialmente la dieta e intentar mejorar nuestra técnica de carrera), pero en cambio sí podemos hacer frente a los factores extrínsecos. Para ello, es conveniente no aumentar en más de un 10% el volumen semanal de kilómetros de una semana a la siguiente y cada tres o cuatro semanas hacer una de recuperación (50 o 60% de la semana anterior). Recuerda que el entrenamiento machaca el organismo y los beneficios llegan cuando el cuerpo puede descansar.

Otro tema importante es el calzado. Se ha puesto muy de moda el minimalismo, y reconozco que me gusta, pero en el caso de las fracturas por estrés el minimalismo sale perdiendo. Se requiere mucho entrenamiento progresivo para que el impacto recibido sin amortiguación no sea lesivo, y existen muchísimos casos de atletas que se pasaron al minimalismo de un día para otro y terminaron con una fractura por estrés en apenas unas semanas.

La mayoría de las fracturas por estrés no requieren de intervención quirúrgica y se solucionan con un periodo de 4 a 8 semanas de reposo absoluto de la actividad traumática (correr), pero de reposo relativo para las otras actividades que no creen dolor (nadar, bicicleta, correr en el agua, etc.). Luego, progresivamente, se podrá volver a la actividad física corrigiendo los errores que nos llevaron a la fractura de estrés.

4. Periostitis

De nuevo una palabra acabada en -itis que quizá debería desaparecer. Todos los corredores que hemos sumado kilómetros y kilómetros en nuestras piernas conocemos la periostitis: o la hemos sufrido, o algún amigo nuestro la ha sufrido. ¿Y qué creíamos que era? A tenor de su nombre, no podía tener otra explicación que la inflamación del periostio, la membrana que recubre el hueso; y su lugar más habitual para aparecer era la tibia.

Durante muchos años se creyó que los impactos repetidos una y otra vez con el talón en el suelo mientras corríamos, y principalmente en las superficies duras como el asfalto o el tartán, causaban unas vibraciones en las tibias que irritaban el periostio y este se inflamaba produciendo el característico dolor en la cara interna del hueso. Pero ahora existe otra teoría según la cual los músculos del compartimento profundo de la pierna (en especial el sóleo, el flexor largo

de los dedos y la fascia que los recubre) son los causantes de este dolor por su continua tracción del hueso y su periostio. Dicha tracción continua no inflama el periostio, sino que lo irrita y degenera paulatinamente.

De esta manera, algunos autores han empezado a referirse a esta lesión como fascitis tibial o fasciosis tibial, denominaciones mucho más correctas. Sin embargo, el cambio de nombre no ha modificado el tratamiento, que sigue siendo prácticamente el mismo.

El primer paso para recuperarnos será reducir el volumen y la exigencia de nuestra carrera a pie; es incluso recomendable dejar de correr durante un par de semanas, aunque sí que podremos salir en bici o correr en el agua (aquarunning). También recomendaría las sesiones de magnetoterapia y ultrasonidos para reparar el daño en el periostio, así como ejercicios de propiocepción (equilibrio) y, si tenemos acceso a un gimnasio, el refuerzo de la musculatura afectada: se pueden hacer sentadillas, ejercicios para los gemelos (y demás músculos de la parte posterior de la pierna), subir escaleras y saltar a la cuerda si no produce molestias.

A medida que avancemos en el tratamiento, podrá introducirse la carrera a pie, pero escogiendo las superficies más blandas posibles (césped, arena de playa, etc.) y sin llegar a intensidades altas, además de intercalar uno o dos minutos andando cada cinco de carrera.

5. Rotura muscular

Aunque esta lesión es casi inexistente entre los corredores de fondo, los velocistas la conocen y la temen porque es muy dolorosa e incapacitante, y obliga a hacer un parón de varias semanas o incluso meses.

Entre los corredores, se suele producir en alguno de los músculos isquiotibiales (bíceps femoral, semitendinoso y semimembranoso) y ocurre en momentos de máxima tensión, como por ejemplo un esprint o un salto, aunque no sería raro que sucediera en los kilómetros finales de una maratón, cuando el cuerpo está completamente fatigado y todo esfuerzo resulta titánico.

La mayor actividad muscular de los isquiotibiales durante la carrera se registra cuando el pie contacta con el suelo y los músculos actúan como una cuerda de arco: se tensan para acumular energía. Esta energía se libera cuando nuestro cuerpo sobrepasa la vertical del pie y empieza la impulsión. Después, la rodilla se flexionará, pero no por el trabajo de los isquiotibiales, sino por la inercia.

Por lo tanto, el momento lesivo corresponde al de mayor tensión, cuando corriendo a máxima velocidad el músculo no puede resistir esta tensión de cuerda de arco y se rompe (casi nunca por completo, solo una pequeña parte). El dolor es instantáneo y el atleta solo piensa en detenerse, pero no es fácil hacerlo cuando se corre a alta velocidad: lo normal es que empiece a dar saltitos y acabe en el suelo, doblando la rodilla para mitigar el dolor.

La mejor prevención para evitar estas roturas es un calentamiento progresivo e intenso, además de prescindir de los estiramientos antes de correr a máxima intensidad. En el caso específico de los maratonianos, la mejor prevención es un entrenamiento suficiente que evite llegar con fatiga extrema a los kilómetros finales.

6. Bursitis

Las bursas son «bolsas» de líquido colocadas estratégicamente en las zonas de máximo rozamiento. Tenemos bursas entre el tendón de Aquiles y el hueso calcáneo, entre el trocánter mayor del fémur y los glúteos, así como en diversas zonas alrededor de las rodillas, por citar algunas de las más importantes.

El líquido de las bursas es viscoso y está encapsulado, sin posibilidad de salir en condiciones normales. Y, puesto que estas están diseñadas para amortiguar la fricción entre estructuras, no resulta fácil lesionarlas o irritarlas, por lo que nos encontramos ante un diagnóstico muy habitual pero que a menudo no se corresponde con la realidad de la lesión.

Las bursas pueden inflamarse y presentar bursitis, sí, pero muy pocas veces esto sucede debido al ejercicio repetitivo: la causa más habitual de inflamación son el traumatismo directo (típico en las bursas del codo y de la cadera al producirse una caída) y la infección. En la mayoría de los otros casos, la lesión simula una bursitis pero no lo es: puede ser una tendinopatía o algún problema articular.

En el caso de que se trate verdaderamente de una bursitis, será necesario conocer el origen de la misma. Si es de origen traumático, se precisará un drenaje para eliminar el exceso de líquido (en ocasiones, sangre). Si es de origen infeccioso, el tratamiento será farmacológico.

¿Es necesario estirar?

Aunque los estiramientos son todavía recomendados por gran parte de los entrenadores, fisioterapeutas, médicos y demás entendidos como un elemento indispensable del calentamiento antes de empezar a correr (en la creencia de que pueden reducir el riesgo de lesión o mejorar el rendimiento), lo cierto es que en los últimos años no han cesado de aparecer estudios científicos en los que sus beneficios se ponen completamente en duda.

Desde que empezamos a correr, nos dijeron que si no estirábamos con asiduidad nos podríamos lesionar. Todavía hoy es muy habitual escuchar a atletas lesionados que se maldicen por no haber estirado lo suficiente, convencidos de que si hubieran sido más constantes en su rutina de estiramientos seguramente la lesión habría pasado de largo. Sin embargo, no parece tan cierto que los estiramientos curen o prevengan las lesiones, o por lo menos esta afirmación requiere muchos matices. Para entender si es necesario estirar, debemos comenzar por el principio y preguntarnos: ¿por qué estiramos?

Los músculos son estructuras contráctiles que permiten un cierto grado de estiramiento. Al contraerse, acercan sus puntos de origen e inserción. Si estos mismos puntos se separan, el músculo se estira. La longitud que tenga un músculo será determinante en su desarrollo de la fuerza: tanto si es demasiado largo como si es demasiado corto, la fuerza será menor. Es decir, cada músculo tiene su longitud óptima de funcionamiento y de desarrollo de la fuerza; el problema es saber cuál es esta longitud óptima.

La respuesta varía en función del deporte que se practique: la longitud óptima del bíceps femoral es diferente para un maratoniano que para una gimnasta de rítmica. Mientras que el primero se mueve en unos rangos de flexión de cadera de escasos 50 grados, la segunda puede llegar a los 180. Así pues, no necesitarán la misma elasticidad ni los mismos estiramientos.

Para saber las necesidades de estiramientos de cada deporte es necesario clasificarlos en función de su rango de movimiento (alto o bajo) y su velocidad de ejecución (alta o baja). Según esta categorización, aparecen cuatro tipos de deportes:

- **Alto rango de movimiento y alta velocidad: portero de balonmano**

- **Bajo rango de movimiento y alta velocidad: boxeador**

- **Alto rango de movimiento y baja velocidad: gimnasta de rítmica**

- **Bajo rango de movimiento y baja velocidad: maratoniano**

Con esta clasificación queda claro que el maratoniano no desarrolla en su actividad un alto rango de movimiento y, por lo tanto, no necesitamos (en principio) estirar para ser más flexibles.

La siguiente pregunta podría ser, entonces, qué sucede al estirar. Y la respuesta dependerá en gran medida de otra: ¿cómo estiramos? Se pueden describir varias técnicas de estiramientos, empezando desde el más sencillo, que es el estiramiento pasivo (colocar la pierna sobre una valla para estirar los isquiotibiales), hasta los estiramientos más complicados, como por ejemplo los de tensión activa (contrayendo los músculos en posición de estiramiento y relajándolos después).

Lo que sí parece claro es que después de un estiramiento, sea de la variedad que sea, la amplitud de movimiento mejora, pero el rendimiento no. De hecho, el rendimiento deportivo justo después de estirar empeora: después de estirar, se salta menos y se tiene menos fuerza, como demuestran una gran variedad de estudios, la mayoría de los cuales considera que se pierde alrededor de un 4% tanto de fuerza como de velocidad. Una de las principales explicaciones de este fenómeno es que la conducción nerviosa se ve afectada (concretamente ralentizada) por el estiramiento, lo que provoca que la orden de contracción llegue más tarde al músculo. Por lo tanto, antes de una competición o de unas series no se debería estirar nunca porque se obtendrá un peor resultado.

Si queda claro que estirar no mejora el rendimiento inmediato, quizá la solución sea estirar al terminar el ejercicio. De esta manera, se puede reducir algo de tensión en los músculos con tendencia al acortamiento (entre ellos, los isquiotibiales), si bien es cierto que la longitud del músculo será la misma al día siguiente tanto si se ha estirado como si no. Por esta razón, la finalidad y el método de los estiramientos deberían enfocarse como un objetivo per se y actuar en consecuencia: si la longitud de algún músculo es insuficiente, convendrá estirar para aumentarla; si, en cambio, no existe ninguna limitación para el deporte que se practica, no será necesario estirar.

En el caso de que sea necesario estirar, el procedimiento será como sigue:

- **Calentar.**

- **Estirar de manera pasiva (con la ayuda de un compañero o de elementos externos), trabajando el rango de movimiento hasta su límite.**

- **Trabajar el ejercicio excéntrico en los últimos grados de movimiento (con poleas cónicas o pesas).**

- **Finalizar con ejercicios activos a baja velocidad en todo el rango articular.**

LESIONES CON NOMBRE Y APELLIDO

1. Fascitis plantar

La fascia plantar es una estructura de enorme resistencia situada en la planta del pie, desde el hueso calcáneo hasta la zona de los dedos. Está compuesta principalmente de colágeno y su función es transferir toda la tensión desde la parte posterior del pie hasta los dedos para garantizar la propulsión. Si nos ponemos de puntillas, por ejemplo, la fascia plantar es la encargada de llevar la fuerza de nuestros gemelos y sóleos hasta la punta de los dedos (aunque ahí colabora con los músculos flexores de los dedos, claro).

Al igual que el tendón de Aquiles, al que le une una gran similitud en cuanto a su composición morfológica, la fascia no es contráctil pero sí elástica. Esto quiere decir que no tiene la capacidad de contraerse pero sí la de estirarse y almacenar energía elástica (el efecto muelle). Cuando corremos, tanto el tendón de Aquiles como la fascia plantar se hartan de almacenar energía elástica si pisamos con la parte delantera o media del pie (no ocurre lo mismo si pisamos con el talón) y esta energía elástica es devuelta en la propulsión favoreciendo nuestra economía de carrera. No obstante, este mecanismo requiere mucho entrenamiento.

Hace muchos años se decía que a causa de los muchísimos impactos que recibía el talón la fascia terminaba por inflamarse y aparecía la fascitis. Pero ahora ya sabemos que la fascia no se inflama, sino que se degenera y se «cuartea». ¿Y por qué ocurre esto en el caso de los corredores de fondo? Tanto si pisan de talón como si lo hacen con la parte delantera del pie, los corredores de fondo necesitan la fuerza de la fascia para la propulsión. Si pisan de talón, la fascia solo se estira, y de manera gradual, al terminar la propulsión, cuando los dedos del pie son lo único que contacta con el suelo. Sin embargo, si pisan con la parte delantera o media del pie, la fascia necesita soportar un estiramiento muy corto aunque de altísima intensidad (y proporcional a la velocidad y al peso del corredor).

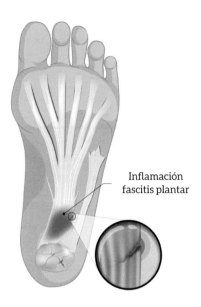

Inflamación
fascitis plantar

Son estos estiramientos cortos y de alta intensidad los que lesionan el colágeno de la fascia plantar, pero son, al mismo tiempo, los que lo estimulan para que se refuerce de manera que pueda soportar mayores cargas en el futuro. Como sucede con la mayoría de las estructuras de nuestro cuerpo humano, el entrenamiento bien planificado y progresivo no solo evita las lesiones, sino que además permite entrenar más y más fuerte con el paso de los meses.

En nuestro caso, a medida que corremos más rápido, nuestra pisada se vuelve más «delantera» y esto implica un mayor estrés para la fascia plantar. Lo mismo ocurre si llevamos zapatillas minimalistas o muy ligeras: para evitar el contacto con el talón, nuestro cuerpo nos obliga a pisar con la parte delantera del pie, pero ¿tenemos la fascia preparada?

Prevención

Ya ha quedado explicado que el mismo proceso de lesión de la fascia es el que ayuda a prevenir que se lesione. Por lo tanto, todo radica en la cantidad del estímulo. Al igual que ocurre con el alcohol, no es lo mismo tomar una caña al día durante una semana que tomarse siete el sábado por la noche. Es decir, analiza en primer lugar cuántos días corres a la semana y, si quieres reducir un poco el estrés que sufre la fascia, reparte los kilómetros totales en más días de entrenamiento.

Analiza también qué tipo de pisada tienes: ¿entras de talón o no? ¿A partir de qué velocidad pisas con la parte media del pie? ¿Cuántos kilómetros o metros puedes aguantar con la pisada de antepié? Un buen ejercicio para mejorar la resistencia de la fascia son las series de 400 metros, aunque te recomiendo empezar con las cuestas.

En estas, casi por obligación pisarás con el antepié, pero sin sobrecargar más de la cuenta la fascia porque tu velocidad no será muy alta y tu impacto con el suelo también será menor (estás subiendo). Las cuestas son el ejercicio perfecto para la pretemporada: te dan fuerza y preparan tus músculos y tendones para las series que vendrán en los próximos meses.

Después de al menos cuatro semanas haciendo series en cuesta (de una a dos sesiones por semana), es el momento de pasar al llano. Si estás preparando fondo, quizá no es necesario que empieces con las series de 400 metros, pero inclúyelas de vez en cuando para reforzar la fascia plantar. Y si con las series de 400 todavía no pisas con la zona delantera del pie, inténtalo con las de 300 o 200. Después de cada serie, camina por lo menos durante un minuto y vuelve a empezar. Con el paso de las semanas serás capaz de aumentar el número de series y, con el tiempo, la distancia.

Como trabajo complementario, es ideal el salto a la cuerda, una actividad sumamente sencilla pero muy indicada para los corredores. Se trabaja la reactividad del pie, la coordinación de todo el cuerpo y se refuerza tanto la fascia plantar como el tendón de Aquiles.

Tratamiento

Si por desgracia no has conseguido hacer una buena pretemporada, o incluso con esta prevención la maldita fasciosis plantar se ha instalado en alguno de tus pies (o en los dos), conviene que tengas paciencia.

Como se ha explicado al comienzo, la fascia no se ha inflamado y, por lo tanto, ni el hielo ni los antiinflamatorios son de gran ayuda. Del mismo modo, tampoco parece que las infiltraciones sean la solución perfecta, e incluso se han dado varios casos de rotura de la fascia plantar en sujetos que

se habían infiltrado (aunque cierto es que la obesidad también jugó un papel importante en la rotura). Puesto que el colágeno de la fascia ha sufrido una ligera degeneración, los estiramientos bruscos pueden dañarla más, por lo que es importante dejar de correr hasta que el tejido esté en condiciones de recibir nuevas tracciones. Por esta razón, el tratamiento de elección será el vendaje funcional y el ejercicio en su justa medida. El vendaje puede crear una fascia artificial inelástica que evitará que la fascia original se estire y se dañe más, y permitirá, incluso, correr con moderación.

El ejercicio deberá ser controlado para que estimule la correcta reconstrucción de la fascia. Como regla de oro, se permiten ejercicios que generen un dolor escaso (un valor entre 2 y 4 en una escala del 0 al 10) y se evitan todos aquellos que conlleven un estiramiento: correr en cuesta, correr a alta velocidad y correr con calzado minimalista, dado que, aunque son ejercicios muy beneficiosos durante la prevención, suelen ser demasiado intensos cuando la fascia está lesionada.

2. Esguince de tobillo

Aunque no es la lesión más habitual del corredor de asfalto, el creciente auge de las carreras de montaña y las de ultrafondo está provocando que se hable mucho de los esguinces de tobillo y de su tiempo de recuperación.

El tobillo es la articulación que une la pierna con el pie y está formado por los huesos tibia, peroné y astrágalo. Entre ellos, y para dotar a la articulación de estabilidad, se distribuyen tres ligamentos: el interno (por la cara interna de la articulación), el externo (por la cara externa; el que más frecuentemente se lesiona) y la sindesmosis (el fascículo que mantiene unidos la tibia y el peroné). El ligamento lateral externo está formado a su vez por tres ligamentos que son el peroneo-astragalino anterior, el peroneo-astragalino posterior y el peroneo-calcáneo. La lesión de uno u otro dependerá del movimiento que haya hecho el tobillo en el momento de la torcedura, pero el tratamiento es igual para todos.

La propiocepción

La propiocepción es todo aquello relacionado con la sensibilidad y el equilibrio, la herramienta más útil que tenemos para no caer de bruces cuando caminamos, corremos, nos giramos o saltamos, por poner unos ejemplos. Es el sistema que se encarga de sentir y corregir la posición de nuestras articulaciones para no perder el equilibrio o para corregir una posición forzada, como cuando nos torcemos un tobillo.

Numerosos estudios han demostrado con mayor o menor éxito que el entrenamiento de la propiocepción puede ayudar en la prevención de lesiones, pero no está tan claro que ayude en el rendimiento. En todo caso, si ayuda a prevenir lesiones, ya es motivo suficiente para prestarle atención.

Como es lógico, cada deporte tendrá unas demandas específicas de propiocepción. Mientras que el patinaje sobre hielo exigirá velocidades y fuerzas de alta intensidad, las maratones por asfalto se conformarán con mucho menos. En competición, la mayoría de nuestros pasos son previsibles y repetitivos. Quizá solo esquivar una alcantarilla, un botellín de agua o detalles por el estilo nos pueden obligar a activar la propiocepción. Sin embargo, a la hora de entrenar es posible que corras por caminos apenas llanos y, en ocasiones, con poca luz. Y ahí la propiocepción es un aliado necesario.

Solo los esquinces más graves (grado tres) pueden requerir una solución quirúrgica; a los demás les bastará con algo de paciencia y buenos cuidados para recuperar el tejido dañado y evitar las recaídas, que en esta lesión en particular son muy habituales.

Prevención

La mejor protección para los ligamentos es el entrenamiento llamado propiocepción: la capacidad que tienen las articulaciones de percibir su posición en el espacio y reaccionar. Es propiocepción estar un rato a la pata coja. Y es propiocepción también correr en un terreno irregular.

El desequilibrio envía señales a los músculos circundantes para que actúen y proporcionen equilibrio. En el caso del ligamento lateral externo del tobillo, la señal se dirige a los músculos peroneos para que eviten

Si nunca has entrenado la propiocepción, te recomiendo que te pongas descalzo a la pata coja e intentes aguantar el equilibrio al menos diez segundos. Si esto te parece muy sencillo, vuelve a aguantar otros diez segundos, pero ahora con los ojos cerrados. A medida que vayas dominando estos ejercicios básicos, podremos empezar a complicarlos. Para ello, lo más sencillo es que entrenes sobre una superficie inestable como una colchoneta o un bosu (esa media pelota de tamaño gigante). Con la ayuda de un compañero (o una pared), os podéis pasar una pelota de tenis o, muchísimo mejor, un plátano o algo que no tenga forma esférica. Empezáis con una distancia de 3 o 4 metros y os vais alejando.

Estos ejercicios son muy buenos para empezar, pero a la vez son muy estáticos. Así, pasadas dos o tres semanas, te recomiendo que corras un poco por la playa o por la montaña, sin necesidad de buscar un ritmo rápido pero prestando atención a dónde pisas. Otros ejercicios básicos a partir de ahora serán el paso de pequeñas vallas, subir y bajar un escalón lo más rápido que puedas durante al menos treinta segundos y saltar a la cuerda.

La lista de ejercicios es infinita, así como la dificultad. El objetivo es realizar ejercicios con sentido y recordando que la necesidad de propiocepción que necesitamos los corredores es muy básica. No se trata de complicar los ejercicios, sino de hacerlos bien y dedicar el resto del tiempo a correr.

una torcedura que podría dañarlo. A medida que trabajamos la propiocepción, nuestros ligamentos se van reforzando y además mejoran la comunicación con los músculos circundantes, que se hace más rápida y efectiva. Estos músculos, por su parte, se vuelven más fuertes y rápidos a la hora de reaccionar.

Tratamiento

Durante décadas, el tratamiento de elección frente al esguince de tobillo ha sido la aplicación local de hielo. Se temía la inflamación per se y se luchaba contra ella. Ahora, en la mayoría de los casos, se permite que la inflamación siga su curso y solo se lucha contra ella si es exagerada o si persiste más allá de las 72 horas. La inflamación es el mecanismo que el cuerpo tiene para que llegue más sangre a la zona afectada y empiece la recuperación. Si evitamos la inflamación, retrasamos la recuperación.

Inflamado o no, el tobillo que ha sufrido un esguince experimenta dolor y necesita cuidados. En primer lugar, debe evitarse el apoyo contra el suelo y, en la medida de lo posible, restringirse el movimiento. En épocas pasadas se vendaba o escayolaba el tobillo, pero la recuperación se alargaba eternamente y la propiocepción se veía muy afectada. Lo mejor, en realidad, es aplicar un vendaje funcional que evite el movimiento de inversión del pie (que estiraría el ligamento lesionado) pero permita todos los demás.

Pasados tres días, si el esguince no es severo, se intentará apoyar el pie progresivamente en el suelo. Un buen entrenamiento es usar una báscula de baño y determinar cuántos kilos se pueden poner con el pie lesionado sin que el dolor aparezca. Mientras este peso sea inferior al 50% del peso del paciente, los ejercicios tienen que ser con ayuda de soportes (muletas, sentado o en el agua si nos llega al pecho). Hasta el 80% del peso corporal, los ejercicios se pueden hacer de pie con apoyo bipodal, a la pata coja con una muleta o a la pata coja con el agua a la altura de la cintura. Por último, si el paciente soporta más del 80% de su peso sin dolor en el tobillo, se puede trabajar a la pata coja sin soporte alguno y progresivamente incorporar ejercicios que impliquen saltos.

3. Tendinosis aquílea

Como se ha explicado con anterioridad, el término tendinitis es muchas veces inapropiado. Por esa razón, en este apartado aludimos al término tendinosis (degeneración del tendón), que es mucho más común.

La clínica habitual de la tendinosis es de dolor y rubor (aumento de temperatura), localizados normalmente en la parte media del tendón y que aumentan con el ejercicio. Suele impedir la carrera a pie, aunque los primeros cambios degenerativos pueden ser asintomáticos. Una resonancia magnética confirmará el diagnóstico, pero la clínica suele ser clara y no siempre es necesaria la prueba de imagen.

Prevención

La mejor manera de evitar esta lesión es con un entrenamiento progresivo y adecuado al nivel y edad del deportista, así como a su estado de forma. El entrenamiento prepara nuestras estructuras para soportar cargas mayores, pero también debemos conceder al organismo el descanso necesario para asimilarlas. Con los años, nuestros tendones empiezan a perder propiedades y su asimilación de la carga de entrenamiento es más lenta. Por lo tanto, y como norma general, es de vital importancia no aumentar más de un 10% ni la carga ni el volumen de entrenamiento de una semana a la siguiente. O bien, en todo caso, asegurar plenamente el descanso entre sesiones si el aumento de la carga es considerable: dormir más, recibir más masaje, añadir sesiones de muy baja intensidad...

Por otro lado, es necesario repasar la técnica de carrera. El tendón de Aquiles es un potente muelle que tenemos al final de la pierna, pero este muelle no se activa de la misma manera si pisamos con el talón que si lo hacemos con la parte delantera del pie. Si pisamos con el talón, el tendón no se estira y solo es activado al final, durante la propulsión, cuando los gemelos y el sóleo se contraen. En cambio, si el impacto se produce con la parte delantera del pie, el tendón de Aquiles recibe un estiramiento excéntrico muy potente y rápido (proporcional tanto al peso del corredor como a la velocidad de la carrera), al que sigue una tracción por parte de los gemelos y el sóleo durante la propulsión.

Biomecánicamente, nuestro tendón de Aquiles está diseñado para la segunda opción, ya que consigue mayor propulsión con menos esfuerzo, pero también conviene señalar que es un mecanismo mucho más

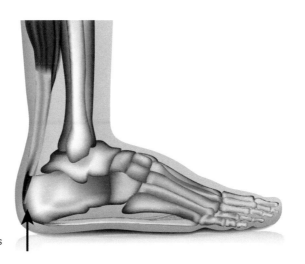

Inflamación del tendón de Aquiles

lesivo. Si hemos entrenado de manera progresiva, podremos correr muchos kilómetros con técnica de antepié sin lesionarnos. Pero si adoptamos esta técnica de manera brusca (por ejemplo, pasándonos al minimalismo), el riesgo de lesión será muy elevado.

Es un buen consejo, para prevenir la tendinopatía aquílea, el trabajo de fuerza controlado. El ejercicio más básico es ponerse de puntillas. Se puede empezar con los dos pies, seguir a la pata coja y acabar saltando a la cuerda (tanto con ambos pies como a la pata coja). Estos ejercicios, realizados de manera habitual en pretemporada, son una garantía para aguantar los meses de entrenamiento sin problema. También se pueden realizar los mismos ejercicios con sobrecarga, por ejemplo con una barra en los hombros, unas mancuernas en las manos o una mochila en la espalda, si no hay opciones de ir al gimnasio.

Tratamiento

En la tendinosis aquílea el tendón está sufriendo una degeneración, por lo que el tratamiento se centrará en dos aspectos muy importantes: frenarla y solucionarla. En lo que respecta a frenar esta degeneración, lo fundamental es no estresar más al tendón (dejar de correr, en nuestro caso); y, de cara a solucionarla, la terapia consistirá tanto en la práctica de ejercicios intensos controlados como en una mejora de la dieta.

Aunque la dieta parezca solo importante para el control del peso, también lo es en relación con la calidad de las estructuras de nuestro cuerpo. Del mismo modo que no es lo mismo una bici de aluminio que una de carbono, nuestros tendones pueden ser de mejor o peor calidad en función de lo bien que nos alimentemos. Existe una gran variedad de productos farmacéuticos formulados para la correcta remodelación del tendón. Por mi parte, y sin pretender entrar en el terreno de la nutrición deportiva (del que no soy experto), solo puedo recomendar un incremento del consumo de proteínas y de vitamina C, piezas esenciales en la reconstrucción del colágeno.

En cuanto a los ejercicios, me gusta recomendar el protocolo de cuatro fases de Silbernagel. Sus fases están definidas por la clínica (dolor y capacidad funcional), así que no siempre es necesario empezar por la fase 1 si el tendón de Aquiles se encuentra en un estado mejor.

A partir del final de la fase 2 se puede volver a correr, pero sabiendo que cuanto más rápido se corra, más sufrirá el tendón. Puede ser una buena idea empezar con rodajes muy suaves y, si se puede, correr en la AlterG. Otra buena opción es combinar la carrera a pie con el caminar, para dar cierto descanso al tendón cada pocos minutos. Y, en general, tener mucha paciencia. Porque el tendón de Aquiles responde bien al tratamiento, pero necesita tiempo.

• **FASE 1** (de 1 a 2 semanas): dolor en casi cualquier actividad; imposible ponerse de puntillas 10 veces seguidas a la pata coja.

Ejercicios (todos los días):
   - Movilidad general del pie (arriba y abajo).
   - Ponerse de puntillas con los pies juntos (3 x 10-15)
   - Ponerse de puntillas a la pata coja (3 x 10 o las veces que se pueda)
   - Ponerse de puntillas a la pata coja con las rodillas flexionadas (3 x 10)
   - Ponerse de puntillas con los pies juntos y bajar solo con un pie (3 x 10)

• **FASE 2** (de 2 a 5 semanas): dolor solo durante los ejercicios y al despertase.

Ejercicios (todos los días):
- Ponerse de puntillas con los pies juntos al borde del escalón (3 x 15)
- Ponerse de puntillas a la pata coja al borde del escalón (3 x 15)
- Ponerse de puntillas a la pata coja con las rodillas flexionadas al borde del escalón (3 x 15)
- Ponerse de puntillas a pies juntos y bajar solo con un pie al borde del escalón (3x15)
- Rebotes rápidos (3x20)

• **FASE 3** (de 3 a 12 semanas o más si se considera necesario): la fase 2 se ha completado con éxito y solo existe un dolor residual con los primeros pasos del día.

Ejercicios (todos los días y cada dos o tres días con sobrepeso):
- Ponerse de puntillas a la pata coja al borde del escalón con sobrepeso (3 x 15)
- Ponerse de puntillas a la pata coja con las rodillas flexionadas al borde del escalón con sobrepeso (3 x 15)
- Ponerse de puntillas con los pies juntos y bajar solo con un pie al borde del escalón con sobrepeso (3 x 15)
- Rebotes rápidos (3 x 20)
- Pliometrías

• **FASE 4** (a partir de las 12 semanas y hasta que se considere necesario): los síntomas son mínimos, apenas se preciben molestias en los primeros pasos al despertarse.

Ejercicios (dos o tres veces a la semana):
- Ponerse de puntillas a la pata coja al borde del escalón con sobrepeso (3 x 15)
- Ponerse de puntillas con los pies juntos y bajar solo con un pie al borde del escalón con sobrepeso (3 x 15)
- Rebotes rápidos (3 x 20)

4. Entesopatía aquílea

Se trata de una lesión prácticamente idéntica a la tendinosis aquílea, pero situada en la inserción con el hueso calcáneo. Esta pequeña diferencia de localización conlleva ciertas especificidades en el tratamiento que es necesario conocer, más que nada porque convierte la entesopatía aquílea en una afección mucho más complicada de curar.

Si la parte central del tendón suele lesionarse por exceso de carga y falta de regeneración, la inserción en cambio suele hacerlo por culpa de la compresión, ya sea directa o debida al estiramiento. Pero para entenderlo mejor es necesario hablar antes de la entesis.

La entesis es la zona de transición entre un tendón (o un ligamento) y un hueso. En un espacio muy pequeño de apenas 2 milímetros o menos, el tendón pasa a fibrocartílago, luego a fibrocartílago mineralizado y finalmente a hueso. Si por desgracia existe una compresión sobre esta zona (por ejemplo, una zapatilla muy ajustada y con el contrafuerte mal acolchado), se inicia el ciclo vicioso que produce la lesión:

- La compresión (sumada o no al exceso de carga) ayuda a perder parte del agua presente en la entesis. En este punto, el tendón se vuelve más fino.
- La pérdida de agua convierte la compresión en más agresiva porque aumenta la fricción entre las células.
- Esta situación estimula la aparición de proteoglicanos (moléculas diseñadas para soportar mejor la compresión pero que son impermeables).
- La impermeabilidad de la zona crea mayor rigidez en la estructura.
- Se entra en un círculo vicioso del que es difícil salir.

Llegados a este punto, correr es prácticamente imposible, e incluso caminar o subir y bajar escaleras son ejercicios dolorosos. Pero no todo está perdido y es el momento de actuar.

Prevención

La mejor prevención es evitar la entrada en el círculo vicioso. Para ello, escoge siempre zapatillas para correr que se adapten muy bien a la forma de tu talón y tu tendón de Aquiles; evita calcetines excesivamente bajos que puedan tener el dobladillo justo en la zona donde acaba el contrafuerte de la zapatilla, y, como siempre, aumenta tus entrenamientos de manera progresiva para que tus estructuras se puedan adaptar de forma no lesiva a la nueva intensidad.

Como norma general, no estires los músculos de la pantorrilla y el tendón de Aquiles. El estiramiento añade un grado importante de compresión a la entesis y no está muy claro que sea beneficioso para los múscu-

Los isométricos

Estos ejercicios son la manera más segura de trabajar la fuerza, sobre todo cuando estamos lesionados o nos estamos recuperando.

Los ejercicios isométricos son aquellos en los que el músculo se mantiene quieto (ni se acorta ni se alarga). Dos ejemplos representativos serían sujetar un peso con la mano o aguantar una media sentadilla.

La ventaja de los ejercicios isométricos es que permiten usar cargas muy elevadas sin riesgo para las articulaciones y con grandes beneficios para los tendones. Algunos estudios recientes han demostrado, además, que los ejercicios isométricos reducen el dolor en los tendones, por ejemplo en el rotuliano. Para este último caso, utilizando el banco de cuádriceps, coloca una resistencia elevada y mantén la rodilla flexionada unos 20-30 grados mientras sujetas la carga de 30 a 45 segundos. Puedes repetir el ejercicio hasta 15 veces, todos los días de la semana; al terminar cada sesión notarás que el dolor en la zona del tendón se ha reducido considerablemente.

Si las molestias se manifiestan en el tendón de Aquiles, puedes colocarte casi de puntillas mientras sujetas un gran peso en los hombros. De la misma manera que en el caso del tendón rotuliano, aguanta la postura hasta 45 segundos y repite el ejercicio 15 veces.

Con el paso de los días, los músculos se harán más fuertes y podrás aumentar los kilos de sobrecarga. No obstante, si por desgracia estos ejercicios no reducen las molestias en el tendón, significará que algo no funciona bien y deberás acudir al fisioterapeuta para comprobar que no exista alguna otra lesión.

los. De hecho, en mi opinión es mejor tener un tendón de Aquiles algo acortado y muy reactivo que excesivamente laxo y con falta de rebote.

Tratamiento

Si el dolor está instaurado en la entesis aquílea y te impide correr, es el momento de pasar a la acción. Elimina, en la medida de lo posible, todas las actividades que incrementen la compresión de la zona afectada. Cambia de zapatillas, modifícalas (córtales el contrafuerte) o utiliza calzado tipo chanclas la mayor parte del día. Añade también algo de *drop* a tu calzado habitual (el *drop* es la diferencia de altura entre la zona del talón y de los dedos): cuanto más alto esté el talón, menos estiramiento y compresión sufrirá la entesis.

Realiza el protocolo de Silbernagel para tendinosis aquílea sin colocar el pie en el borde del escalón (evitando así el estiramiento). O, incluso, empieza con ejercicios de alta intensidad sin movimiento, como los isométricos: levanta ligeramente el talón del suelo y mantén esta posición durante 45 segundos. Si te resulta fácil, añade sobrepeso hasta que notes que te cuesta llegar a los 45 segundos. Y repite el ejercicio hasta 15 veces. Algunos estudios han demostrado que los beneficios aparecen a partir de la semana 9, por lo que se recomienda no abandonar nunca el tratamiento antes de las 12 semanas.

Al empezar a correr, evita las subidas (en ese terreno el tendón de Aquiles sufre demasiada tensión y comprime la entesis), así como la arena de la playa (el tobillo se mueve mucho en flexión dorsal). Escoge ritmos suaves y terrenos blandos pero regulares: lo ideal es un camino de tierra o el césped de un campo de fútbol.

5. Rodilla del corredor

Si una lesión tiene por nombre «rodilla del corredor», es señal de que somos propensos a sufrirla. Ya lo avisó en 1978 el doctor Orava (por cuyo bisturí han pasado Haile Gebrselassie, Luis Miguel Martín Berlanas, Pep Guardiola...): «*ITBFS is uncommon in the inactive population*» (ITBFS es poco común en la población inactiva). ITBFS son las siglas en inglés para *iliotibial band friction syndrome*, el síndrome de fricción en la cintilla iliotibial, también conocido como «rodilla del corredor».

La cintilla iliotibial, también llamada fascia lata, empieza en la cresta iliaca rodeada por el tensor de la fascia lata (delante) y el glúteo mayor (detrás), y se convierte luego en una cinta ancha y plana que desciende por el lateral del muslo hasta insertarse en la parte lateral de la tibia, justo por debajo de la articulación de la rodilla.

En su trayecto, acompaña al vasto lateral (uno de los vientres musculares del cuádriceps) sin producir problemas; pero cuando el vasto lateral se termina, la cintilla entra en contacto con el cóndilo lateral del fémur y, a veces, existe demasiado roce.

A unos 30 grados de flexión de la rodilla, la cintilla pasa de la parte anterior del cóndilo a la posterior. En condiciones normales, una bursa (almohadilla) reduce la fricción de ambas superficies para evitar el desgaste, pero ciertas circunstancias pueden hacer más frecuente este roce y, a la larga, producir una lesión: cambiar de zapatillas, aumentar el volumen de kilómetros de manera exagerada, incrementar el peso (o correr con mochila), sufrir una pérdida de fuerza (debilidad) en el glúteo medio…

Estos factores y quizá otros pueden aumentar la fricción de la cintilla con el cóndilo femoral, irritando la bursa y la propia cintilla, que acaban produciendo molestias. A diferencia de otras lesiones tendinosas, donde el ejercicio suele calmar las molestias, la rodilla del corredor es una lesión limitante que empeora, y mucho, con el ejercicio. Hasta el punto de que es imposible correr e, incluso, caminar.

Prevención

La prevención de esta lesión no es sencilla porque su origen es multifactorial. Puede ser una buena idea potenciar la musculatura glútea y abductora, así como el entrenamiento bien planificado: un exceso de volumen puede acarrear una técnica deficitaria (por fatiga) que controle peor la caída de la pelvis, lo cual forzará un movimiento menos nítido por parte de la rodilla y aumentará el roce de la cintilla.

También la elección de las zapatillas es importante. Deben ser cómodas y diseñadas para correr. Y deben ser sometidas a una puesta a punto de varios días antes de utilizarlas en competición o entrenamientos largos: úsalas primero para caminar, después durante algún calentamiento y más adelante en los rodajes.

Tratamiento

Si la lesión es aguda (de menos de dos semanas de evolución), el tratamiento de fisioterapia consistirá en dejar de correr, reducir la inflamación que originó el círculo vicioso y estudiar la causa primaria con la intención, si es posible, de eliminarla. Para tratar la inflamación se usa hielo, antiinflamatorios, ultrasonidos o iontoforesis (aplicación de medicamentos con corrientes de fisioterapia), mientras que en circunstancias más graves, o donde las prisas mandan, se puede aplicar una inyección de corticosteroides con buenos resultados, aunque yo no lo recomendaría.

Aunque un estiramiento de la fascia lata es un remedio dudoso (varios estudios han advertido de que es imposible estirarla), sí es importante trabajar un poco la longitud de toda la cadena lateral: glúteos, tensor de la fascia lata y peroneos. Ocurre lo mismo con el masaje: varios autores afirman que no produce ningún efecto en la estructura de la cintilla, pero aun así yo lo recomiendo: si bien no modifica la estructura de la cintilla,

Kinesiotape: el vendaje de colores

La base fisiológica de este esparadrapo es que intenta imitar las características de la piel humana. Es elástico hasta valores de entre un 130 y un 140% y se puede colocar en casi cualquier parte del cuerpo. Su función principal es reducir el dolor a través de una estimulación del sistema neurológico, corregir los desequilibrios musculares dando soporte a los músculos débiles, reducir la acumulación de linfa o sangre en las inflamaciones y corregir las malas posiciones articulares mediante la reducción de los espasmos musculares. Y todo ello lo consigue en virtud de su capacidad elástica: al «arrugarse», ejerce tracción sobre la piel y aumenta el espacio entre esta y los músculos. Gracias a este espacio aumentado, la sangre y la linfa pueden fluir con mayor facilidad y controlar todos estos fenómenos. Sin embargo, en los últimos años han aparecido numerosos estudios que ponen en duda su eficacia. Reconozco que pueden tener algo de razón, pero no por ello dejo de usarlo o de recomendarlo, pues también le veo ciertos beneficios: si se aplica correctamente, reduce el dolor local y colabora en el correcto movimiento de las articulaciones.

puede favorecer la coexistencia con el vasto lateral, que sí acepta bien el masaje.

Otra opción recomendable, también rodeada de cierta controversia, es la terapia manual en la rodilla. Dado que la cintilla se inserta en la cara lateral de la tibia, se puede «desplazar» la tibia ligeramente hacia el lateral (relativamente al fémur) para ganar espacio en la zona de fricción.

Lo que sí es necesario es aumentar la fuerza de la musculatura abductora de la cadera, en especial del glúteo medio. Ejercicios con una goma elástica juntando ambos tobillos (partimos de una posición de tobillos juntos para tratar de separarlos venciendo la resistencia de la goma) pueden ser ideales para empezar: separa las piernas y mantén una contracción isométrica durante unos 5-10 segundos. O, de pie, avanza en pasos laterales poniendo la goma en tensión.

Por último, la aplicación de *kinesiotape* (vendaje neuromuscular) puede añadir algo de confort a la zona. Colocándolo a lo largo de la cintilla y con una tensión del 50% o superior al pasar por el cóndilo lateral del fémur, se puede succionar ligeramente la zona de fricción y que esta desaparezca o se reduzca considerablemente.

6. Bursitis trocantérea

Esta lesión es poco habitual entre los corredores, pero se da. Se caracteriza por un dolor en la zona de las cartucheras, dolor que suele empeorar con el ejercicio.

En un sentido estricto, la bursitis trocantérea solo se produce por un traumatismo directo (una caída sobre el costado) o por una infección, algo que es bastante raro. En ambos casos, una o más de las cuatro bursas que hay alrededor del trocánter mayor del fémur puede inflamarse y comprimir las estructuras colindantes. Lo más habitual, no obstante, es la calcificación y/o degeneración de alguno de los tendones que hay allí insertados, en especial el del glúteo medio y el glúteo menor.

En el momento en que el tendón se calcifica o padece una tendinosis, aumenta su rigidez, lo que hace que su deslizamiento sobre la bursa sea más agresivo y que, con

el continuo vaivén de la carrera a pie, la bursa acabe por irritarse e inflamarse. Llegados a este punto, la zona duele al correr, al caminar e incluso al dormir, si nos apoyamos en ese lado.

Prevención

Es ciertamente difícil prevenir esta lesión, pero un correcto alineamiento de los miembros inferiores y unos glúteos fuertes son puntos a favor. Otro factor a tener en cuenta es evitar el sobreentrenamiento o correr con excesiva fatiga. En ambas circunstancias, los glúteos pueden ver excedida su capacidad de trabajo y sufrir una degeneración de sus tendones, paso previo a la irritación de la bursa.

Tratamiento

Una vez conozcamos el diagnóstico, el tratamiento principal será el reposo relativo. Tanto el glúteo medio como el menor son dos músculos básicos en el control postural de la cadera cuando permanecemos apoyados en un solo pie. Es decir, siempre que corremos implicamos en gran medida a ambos glúteos, por lo que si están lesionados se quejarán. Para evitar que su lesión se cronifique, debemos dejar de correr durante un par de semanas y recuperar el tiempo perdido en el gimnasio: hacer trabajo de propiocepción, sentadillas y, si el dolor lo permite, saltar a la cuerda.

Si se trata de un origen infeccioso, el tratamiento será farmacológico y recetado por el médico. Una vez eliminada la infección y su inflamación, el retorno a la actividad deportiva será sencillo e indoloro.

7. Condromalacia rotuliana

Estamos ante una lesión muy común entre los corredores. El cartílago que recubre la parte posterior de la rótula, y que sirve para que esta se deslice con muy poca fricción sobre el fémur (sería algo así como la grasa de los engranajes), se desgasta produciendo un dolor que puede llegar a ser intenso.

En un estado primitivo, la lesión se conoce como síndrome femoropatelar. Si evoluciona negativamente, la consecuencia es la condromalacia rotuliana.

Prevención

Si bien la capacidad autorregeneradora del cartílago es escasa, diversos estudios afirman que los corredores, incluidos los maratonianos, tienen los cartílagos de la rodilla más gruesos que los de la población sedentaria. En este sentido, el ejercicio moderado puede ser la mejor prevención, así como evitar las posturas que mayor roce produzcan en el cartílago rotuliano.

A mayor flexión de rodilla, mayor es la compresión de la rótula sobre el fémur. Por ello, del mismo modo que con las rodillas extendidas la compresión es mínima, con la flexión de estas la presión aumenta y, a partir de los 90 grados, lo hace de manera exponencial. Ponernos en cuclillas, por ejemplo, es un claro ejemplo de compresión del cartílago rotuliano. En consecuencia, aunque es asintomática si los cartílagos están en buen estado, es recomendable evitar esta posición (en especial de manera mantenida).

Tratamiento

Debemos evitar colocarnos en cuclillas, así como las sentadillas profundas. Sin embargo, es conveniente trabajar la musculatura del cuádriceps y de los isquiotibiales, bien de manera isométrica o mediante un recorrido reducido sin sobrepasar los 45 grados de flexión de rodilla.

En la medida de lo posible, hay que evitar correr en bajada y a altos ritmos. La recuperación es lenta pero factible: solo requiere tiempo y un ejercicio muy controlado para no comprimir el cartílago más de la cuenta.

La aplicación de *kinesiotape* puede ser recomendable para mantener la rótula ligeramente alta; en esta posición, la compresión es menor incluso durante la flexión de rodilla y permite correr a ritmos bajos sin molestias.

8. Síndrome compartimental

Este síndrome afecta casi exclusivamente a la cara anterior de la pierna, donde se encuentra, entre otros, el músculo tibial anterior. Se caracteriza por un dolor casi constante que se agrava con el ejercicio físico y con la presión local. Y se debe, en general, a una falta de espacio.

Los músculos de los miembros inferiores están divididos en compartimentos. Así, en el muslo existe el compartimento anterior (donde está el cuádriceps), el posterior (isquiotibiales) y el medial (abductores). En la pierna también existen tres compartimentos: anterior (tibial anterior y extensores de los dedos), posterior (gemelos y sóleo) y lateral (peroneos).

Cada compartimento está recubierto por fascias, que son tejidos muy densos y prácticamente imposibles de estirar. Esta característica es la causante del dolor en el síndrome compartimental: se produce una inflamación y no hay espacio para ella.

Prevención

La prevención de esta molestia es difícil porque las causas que la producen son poco claras. Una hipertrofia del músculo tibial anterior podría ser la responsable, pero se trata de una hipertrofia muy rara. Lo más habitual es que el músculo se inflame a consecuencia de un traumatismo directo, un exceso de volumen de entrenamiento, un masaje local demasiado agresivo o un sobreentrenamiento del tibial anterior, como por ejemplo al empezar a practicar marcha atlética o al realizar una ascensión muy larga.

Tratamiento

El descanso y los baños de contraste (véase el apartado correspondiente en el capítulo 4, «Entrenamiento invisible») son los primeros auxilios para este dolor, pero si la molestia se alarga más de una semana hay que buscar su causa. Si se debe a un traumatismo, habrá que acudir al médico inmediatamente para descartar males mayores. Si, en cambio, es producto del entrenamiento, el reposo suele ser suficiente.

9. Ampollas

Las ampollas son el resultado de una situación de roce continuado mientras practicamos ejercicio, y aparecen especialmente en los dedos y la planta de los pies. Al acumularse líquido entre diferentes capas de la piel, aumenta el volumen y se produce un dolor que suele ser incapacitante. En ocasiones, el líquido presenta sangre, pero esto no representa un problema mayor que dolor en sí.

Prevención

Como norma general, está completamente desaconsejado estrenar zapatillas el día de la competición. La rigidez de una zapatilla nueva, sumada a la dureza del asfalto, aumenta en gran medida el riesgo de aparición de ampollas. También es necesario prestar atención a los calcetines: escogerlos sin costuras (sobre todo en la zona de los dedos), del tamaño apropiado, con tejidos que favorezcan la transpiración y colocados sin ninguna arruga.

Si se es propenso a sufrir ampollas, o bien la carrera discurrirá en un ambiente caluroso y húmedo, es muy aconsejable untarse los dedos de los pies —así como cualquier otra zona de rozadura— con vaselina. Y, aunque parezca una tontería, acuérdate de comprar tus zapatillas por la tarde. Nuestros pies aumentan ligeramente de volumen durante el día y no sería la primera vez que unas zapatillas se ajustan a la perfección en nuestra visita a la tienda (por la mañana) y nos molestan al cabo de varios kilómetros de maratón porque nuestro pie se ha hinchado.

Tratamiento

Hay varias teorías respecto a qué se debe hacer, pero parece bastante claro lo que NO se debe hacer: no hay que arrancar la piel de la ampolla ni colocar un apósito hidrocoloide. La mejor protección para la carne viva de la ampolla es la misma piel de la ampolla y se debe conservar en la medida de lo posible. Además, existe el riesgo de sufrir otra ampolla en el mismo lugar. Solo en el caso de haber perdido la piel se aconseja aplicar el apósito hidrocoloide.

Sí se recomienda, sin embargo, abrir la ampolla con cuidado en su parte inferior con un corte lo bastante ancho para que favorezca el drenaje total. Una vez vaciado el contenido, hay que limpiarla, desinfectarla y protegerla de posibles nuevos roces. Otro método muy conocido es el de pinchar la ampolla con una aguja y dejar que un hilo estimule el exudado. De esta manera se evita que la piel se repliegue sobre sí misma y pueda causar dolor además de formar una nueva lesión.

10. Calambres musculares

Los calambres musculares son aquellas contracciones involuntarias, fuertes y repentinas que sufren los músculos en estado de fatiga extrema. Durante años se han relacionado con una falta de potasio en la dieta y se ha recomendado por activa y por pasiva el consumo de plátanos. Sin embargo, aunque no es una mala terapia, la causa principal no es la falta de potasio y demás electrolitos, sino la falta de entrenamiento.

Según la teoría neuromuscular, los calambres se producen por la acción de una motoneurona que se activa (y contrae el músculo) cuando no debería activarse. Es algo así como un fallo interno por saturación del sistema.

Prevención

Si esta teoría neuromuscular es válida, la prevención consistirá en entrenar mejor. Los calambres se producen por la fatiga muscular, por llevar el cuerpo un poco más allá de lo que está acostumbrado. Y entonces sucede: el músculo no se relaja como debería, la excitación neuronal se ve alterada y el músculo se contrae de manera involuntaria produciendo molestia y/o dolor.

Tratamiento

Dado que los calambres musculares desaparecen al finalizar el esfuerzo, no existe un tratamiento como tal. Si se siguen produciendo incluso en reposo, lo mejor será controlar el nivel de hidratación y de concentración de sales minerales. Y, en cualquier caso, visitar al médico.

11. Osgood-Schlatter

El deporte en edades tempranas es muy importante, pero todavía lo es más saber dosificarlo. Se puede entrenar a muy alta intensidad con los niños y niñas y obtener buenos resultados deportivos en el presente sin comprometer los posibles del futuro, pero siempre que se lleve un control estricto de las cargas y no se supere nunca la tolerancia de las estructuras. Cuando esto sucede, aparecen lesiones como la de Osgood-Schlatter.

Esta lesión se caracteriza por una proliferación ósea en la parte superior de la tibia (debajo de la rodilla, donde se inserta el tendón rotuliano) y está causada por el trabajo excesivo de saltos y caídas (sobre todo si es en superficies duras). En esta situación, el tendón rotuliano tira y tira de la tibia con tanta fuerza que pueden ocurrir dos cosas: una fractura por avulsión de la tibia (un fragmento de hueso se desprende de esta) o un crecimiento desmesurado del hueso para evitar la fractura por avulsión. Es decir, el hueso se hace más grande en ese punto para evitar romperse.

Con el tiempo, el hueso ha crecido tanto que parece que el niño o la niña tuviera dos rótulas, una debajo de la otra. Y lo más habitual es que solo presente dolor al realizar ejercicios que impliquen al músculo cuádriceps.

Prevención

El control de las cargas es la mejor prevención para esta lesión. Se deben evitar los grandes volúmenes de kilómetros en los niños y niñas, en especial cuando están en época de crecimiento. En esta etapa es mejor fijarse otros objetivos como la velocidad y la fuerza.

Tratamiento

Si la lesión ya está presente, el tratamiento consistirá en reducir los impactos y el trabajo explosivo del cuádriceps y su tendón rotuliano. La aplicación de abrazaderas sobre el tendón rotuliano puede ayudar a rebajar el dolor y la tensión local. Los ejercicios isométricos, por su parte, pueden aumentar la tolerancia del tendón sin incrementar el tamaño de la proliferación ósea.

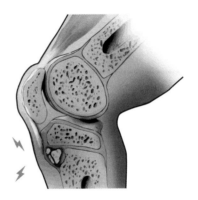

MATERIAL

MATERIAL

07

Correr ha sido, desde siempre, un deporte económico y fácil de practicar: no es necesaria una instalación, ni compañeros ni material (aunque todo ello ayuda). Algunos, incluso, no necesitan ni zapatillas. Pero también es cierto que, con los años, ha aparecido un gran abanico de productos para el corredor: zapatillas para todos los gustos, relojes con todos los extras, prendas muy técnicas e incontables *gadgets* para medir todo lo medible.

Para no convertir este capítulo en un panfleto publicitario, se evitarán en gran medida las marcas y solo se hablará en términos generales de lo que podemos encontrar en el mercado.

ZAPATILLAS

Las zapatillas son, quizá, la parte más importante del material que necesita un corredor. Y las hay para todos los gustos: más ligeras, más pesadas, para asfalto, para trail, para pista, sin *drop*, con amortiguación, con control de pronación...

Como norma general, la zapatilla debe estar diseñada para correr. Esto significa que no necesita grandes refuerzos laterales (al correr no realizamos desplazamientos hacia los lados ni cambios de dirección) y que ha de ser sencilla en su parte superior (no necesitamos chutar un balón ni protegernos de ningún tipo de golpes) y tan ligera como sea posible, aunque respetando el resto de las características que consideremos importantes.

Existen muchas maneras de clasificar las zapatillas; con esta, espero que el lector obtenga una descripción clara y poco farragosa.

1. Ligeras

Las zapatillas ligeras son aquellas con poca amortiguación, poco o ningún control de pronación y poco peso (menos de 200 gramos). Se las conoce también como milleras, rápidas o por nombres ingleses como flats (planas) o racing shoes (zapatillas de competición). Suelen ser económicas porque utilizan poco material y poca tecnología, pero no son aptas para todos los corredores ni para todos los terrenos. Su vida útil es corta y hay que mimarlas en exceso: no usarlas en caminos de tierra (especialmente si hay bastantes piedras) y reservarlas para las competiciones y entrenamientos de calidad.

Dado su escaso componente de amortiguación, los impactos serán absorbidos principalmente por nuestro tendón de Aquiles (si pisamos de antepié) o por nuestro sistema óseo (calcáneo, astrágalo, tibia, fémur...) si pisamos con el talón. Con el suficiente entrenamiento, esto no es en absoluto lesivo pero sí puede producir ciertas molestias musculares cada vez que las utilicemos. De ahí que sea una zapatilla adecuada para competir y para realizar las series, pero no recomendable para todos los entrenamientos de la semana.

2. Minimalistas

Estas zapatillas son todavía más ligeras que las ligeras y se caracterizan por no llevar amortiguación, tener un *drop* igual a cero y ser muy flexibles. Se pusieron de moda hace algunos años con la aparición de las Five-Fingers y el libro *Born to Run (Nacidos para correr)*, de Christopher McDougall. Desde entonces han ido cayendo en el olvido, pero todavía se observan en los pies de algunos corredores aventureros.

Desde mi punto de vista, ni eran tan mágicas antes ni son tan malas ahora. Su falta de amortiguación obliga a tener una pisada muy trabajada, donde el tendón de Aquiles debe absorber el impacto (que con estas zapatillas casi siempre será de antepié) y las caderas deben producir una cadencia de paso algo elevada para contrarrestar el acortamiento del paso. En general, este incremento de la cadencia y este pisar sigiloso dificultan el correr rápido durante mucho tiempo. Por esta razón es difícil ver a atletas de élite corriendo con estas zapatillas, por muy livianas que sean.

A la hora de recomendarlas, me gusta decir que un entrenamiento a la semana con ellas (tras una introducción suave y progresiva al calzado minimalista) aporta un gran beneficio a la musculatura del pie y de la pantorrilla, además de colaborar a una mejora de la técnica de carrera.

3. Amortiguadas

Estas zapatillas engloban casi todo el calzado para correr que no sea específico. Son algo pesadas (desde los 250 gramos en adelante) y suelen llevar mucha tecnología incorporada: control de pronación, dobles densidades, refuerzos en varias partes, etc. Cada marca se diferencia por algún aspecto, pero lo principal es que ofrezcan mucha comodidad y protección. No están diseñadas para correr rápido, sino para correr tanto tiempo como queramos. Y con una vida útil lo suficientemente larga como para no pensar que hemos malgastado el dinero.

Para muchos corredores, se trata de una zapatilla todoterreno: apta para cualquier superficie y para cualquier entrenamiento o competición. Para los más rápidos o más elitistas a la hora de comprar calzado, esta zapatilla es solo para los rodajes y los calentamientos.

4. Clavos

Esta zapatilla es propia del atletismo y hay muchos maratonianos que nunca se han puesto una. La razón es que se usa exclusivamente en el atletismo y en el campo a través.

Son ligeras y llevan unos clavos (de 3 a 15 milímetros o más) en la parte delantera. Se parecen mucho a las ligeras, pero los clavos mejoran el agarre al suelo. El pie es capaz de transferir más fuerza en el plano horizontal (hacia adelante), lo que produce una zancada más larga y, como consecuencia, una mayor velocidad.

5. Vaporfly

Esta zapatilla de Nike ha roto moldes. Por peso, debería entrar en la categoría de ligeras. Por diseño, en cambio, entra en la de amortiguadas. Lo que ha conseguido Nike es crear una zapatilla muy ligera y reactiva con una amortiguación inusual. Y lo ha conseguido mediante una media suela de espuma (que llaman Zoom X) capaz de retornar el 85% de la energía del impacto. También lleva incorporada una placa de carbono en forma de cuchara para favorecer este retorno de energía, aunque lo revolucionario no es tanto la placa como la espuma.

Su precio es algo elevado y su uso debe limitarse a terrenos muy planos y poco abrasivos. Si se corre con una técnica de talón, la vida útil de la zapatilla es extremadamente corta, pues la espuma se rompe con facilidad y los tacos de la parte posterior se desprenden. Si, por el contrario, se corre con una técnica de antepié, la zapatilla resiste una buena dosis de kilómetros gracias a la dureza de la suela en la zona delantera.

6. FBR

Esta zapatilla, nacida en España en 2018, es un invento del ingeniero y corredor Franc Beneyto. Dada la mala fama que tenía el correr de talón, decidió quitárselo a sus zapatillas de correr para descubrir qué sucedía. Sin talón, es imposible pisar con él y la zancada se vuelve automáticamente de mediopié.

Su teoría, respaldada por diversos estudios, es que la energía elástica que almacena el tendón de Aquiles se pierde si el talón toca el suelo. La mayoría de los corredores que pisan de mediopié o de antepié acaban por tocar el suelo con el talón de la zapatilla. Y la energía se disipa en forma de calor. Con las zapatillas FBR, esta energía es retornada y aumenta la distancia del paso.

Como es lógico, no es oro todo lo que reluce y también hay detractores. El tendón de Aquiles se vuelve más reactivo, pero también más propenso a lesionarse en sus primeras sesiones. Aunque no me disgusta la innovación, hay que ser prudente con el cambio de zapatillas y descubrir si nos adaptamos bien y rápido a ellas o no.

GADGETS

Hace años, Casio era el reloj más habitual entre los corredores. A día de hoy, ocupa un lugar muy discreto en el mercado global, quizá por no haber sabido adaptarse a la aparición de nuevos *gadgets* que lo miden (o estiman) casi todo.

Pulso, distancia, velocidad, altitud, cadencia, potencia... Son algunos de los datos que puede dar hoy un reloj de gama medio-alta a los corredores. El problema es que con tantos datos es fácil perdernos y, además, creer que siempre dicen la verdad cuando solo están ofreciendo una estimación que en ocasiones dista mucho de la realidad.

Para aclarar las dudas sobre algunas de estas herramientas, a continuación expongo las más habituales y qué hay de cierto y de falso en los datos que proporcionan; en qué pueden ayudar y en qué pueden confundir.

1. GPS

Es muy común que los cronómetros para corredores lleven un GPS incorporado. De hecho, todos los móviles lo llevan y es usado por la totalidad de las aplicaciones relacionadas con el deporte: Strava, Endomondo, Runkeeper, Mapmyrun... Con el GPS se puede saber la ruta recorrida (o la ruta por recorrer), pero especialmente la velocidad empleada y la distancia recorrida de manera instantánea. Así pues, es un instrumento muy útil de cara a controlar el ritmo y la distancia en los entrenamientos, pero es necesario conocer sus limitaciones.

Los relojes GPS se conectan con al menos tres satélites que están a miles de kilómetros por encima de nuestra cabeza. Estos satélites triangulan nuestra posición y calculan la distancia respecto a nuestro reloj. Pero, incluso si pudieran hacerlo en línea recta (en ocasiones hay edificios, árboles, nubarrones o acumulaciones de agua que ofrecen reflejos), la precisión de metros y centímetros es casi imposible cuando se habla de tales magnitudes. También es importante la frecuencia de muestreo, es decir, las veces que el reloj capta la señal del GPS. Esta frecuencia suele ser de 1 a 5 segundos, mientras que el tiempo intermedio que aparece sin señal se rellena con una estimación.

Con estos detalles y otros todavía más complicados de explicar, queda claro que la lectura de los GPS es buena pero no fiable al 100%. Es decir, dan una información bastante aproximada de la localización, la velocidad y la distancia recorrida, pero no pueden considerarse igual de válidos que los circuitos homologados: una pista de atletismo (400 metros si es de tamaño oficial y homologada) o las carreras que ostentan esta certificación.

Por lo tanto, cuando sea hora de entrenar en una pista de atletismo, no uses el GPS para medir las series. Cada vuelta mide 400 metros y todas las distancias intermedias están bien delimitadas para poder correr series de 1000, de 1500 o de lo que haga falta. Y lo mismo ocurre con las competiciones: aunque el GPS suene porque ha cubierto un kilómetro, la distancia de referencia es la que está marcada por el organizador (a veces, algunos puntos no están colocados con absoluta precisión para poder atarlos a un árbol o una farola, pero la distancia final y puntos como los correspondientes al kilómetro 10, la media maratón u otros sí están perfectamente situados).

Por ello, usa el GPS como referencia a la hora de entrenar en zonas que no estén medidas, y el cronómetro —sin fiarte para nada del GPS— durante las competiciones y los entrenamientos en pista. Si no lo haces, correrás bajo el error de confiar en una mala medición y terminarás haciendo un tiempo superior al que pensabas (ya que los GPS suelen medir mayor distancia que la real, o, lo que es lo mismo, te hacen creer que vas algo más rápido de lo que en realidad vas).

2. Pulsómetro

Antes incluso que el GPS, varios relojes incorporaron la medición del pulso. Tradicionalmente se usaba una banda magnética alrededor del pecho que leía los latidos y los transfería al reloj. Con el tiempo, la banda ha ido desapareciendo y la mayoría de los relojes incorporan un sensor óptico en la parte trasera de la esfera. Este sensor es capaz de leer el pulso en la zona de la muñeca del mismo modo en que lo leen los pulsioxímetros del hospital. Sin embargo, la precisión de este método está muy relacionada con el acople del reloj con la piel y a veces nos encontramos con lecturas erróneas, bien porque al corredor le gusta más notarse el reloj algo suelto, bien porque la zona de la muñeca tiene bastante bello, como es el caso de algunos hombres.

Si la medición es aceptable (es decir, si no se dispara hasta valores irreales cada dos por tres), la lectura del pulso puede ser un

La fórmula de Karvonen

Esta fórmula matemática, publicada por primera vez en Finlandia en 1957, estima el pulso ideal al que se debe realizar un ejercicio concreto, en función de la intensidad decidida. Para ello, necesitamos saber la frecuencia cardiaca máxima (con la mayor precisión posible) y la frecuencia de reposo:

FC = (FCmáx − FCreposo) · % intensidad + FCreposo

Para calcular la frecuencia cardiaca máxima, se puede usar la famosa fórmula de 220 menos la edad, aunque se recomienda mucho más calcularla a través de una prueba de esfuerzo máximo o leyendo un entrenamiento donde nos hayamos esforzado al límite.

La frecuencia de reposo, por su parte, es la mínima frecuencia obtenida en estado de relajación total pero sin dormir. Es fácil de calcular, tanto con un pulsómetro como con la palpación, mientras estamos estirados sin hacer nada durante al menos un par de minutos. O también podemos usar el pulso matutino, justo al despertarnos y sin habernos levantado todavía de la cama.

Con esta fórmula, se puede calcular rápidamente el pulso para una actividad al 85% de la intensidad suponiendo que la frecuencia máxima es de 190 latidos por minuto y la de reposo de solo 40.

FC = (190 − 40) · 0,85 + 40 = 167,5

A partir de aquí, cada entrenador decidirá las zonas de entrenamiento correspondientes. Los hay que solo distinguen 3 grupos, mientras que otros prefieren establecer 5. Esta última división, quizá la más sencilla por usar números redondos, estipula estas zonas:

- **Zona 1: 50-60%**
- **Zona 2: 60-70%**

- **Zona 3: 70-80%**

- **Zona 4: 80-90%**

- **Zona 5: 90-100%**

El problema está en que cada persona es un mundo y, si bien algunos pueden competir en una maratón con pulsaciones cercanas al 90%, otros son mucho más diésel y necesitan mantenerse dentro de la zona 3 si no quieren darse de bruces con el muro. Por esta razón, no es conveniente estipular zonas útiles para cada tipo de esfuerzo como si fueran verdades absolutas, sino más bien utilizarlo como referencia para conocernos y adaptar nuestros entrenamientos a nuestras características.

complemento muy necesario a la hora de entrenar. Es algo así como el cuentarrevoluciones de un coche, relacionado estrechamente con el consumo de energía: cuantas más pulsaciones, más esfuerzo se le pide al cuerpo y más rápidamente se acabará la «gasolina».

Son muchos los entrenadores que se fijan en este dato para determinar el esfuerzo realizado. Así, una sesión fácil debe situarse alrededor del 60-70% de las pulsaciones máximas, y una competición por encima del 85-90%. La duda surge cuando no se sabe con certeza cuáles son las pulsaciones máximas de una persona ni las zonas de entrenamiento por pulsaciones. Por esta razón, la fórmula de Karvonen es una buena herramienta a la hora de entrenar en función del pulso.

3. Potenciómetro

Estos aparatos estiman la potencia de cada paso y tienen como objetivo desbancar el uso del pulsómetro para conocer la exigencia de un ejercicio. Si bien en ciclismo ya es habitual el entrenamiento por vatios más que por zonas de pulso, en la carrera a pie no parece tan fácil de adaptar.

La potencia es lo que resulta del trabajo realizado durante un intervalo de tiempo. Si hablamos de un momento concreto, entonces la potencia es la fuerza multiplicada por la velocidad.

$$P = F \cdot v$$

Esta manera de medir el esfuerzo es sensible a la inclinación del terreno, a la presencia del viento y a la firmeza del suelo, por poner algunos ejemplos. Así, aunque nuestra velocidad decaiga en una subida o corriendo contra el viento, podemos preferir mantener nuestra potencia media antes que intentar mantener el ritmo. Pero no es todo tan sencillo.

Los potenciómetros de las bicicletas pueden medir la potencia porque sus sensores son capaces de medir la fuerza que se ejerce sobre el pedal. Los potenciómetros para correr, en cambio, no pueden medir la fuerza ejercida contra el suelo y la estiman a través de los acelerómetros incorporados en el sensor. Estos acelerómetros obtienen una aceleración y la multiplican por la masa (el peso del corredor).

$$F = m \cdot a$$

Una vez calculada esta fuerza, se multiplica por la velocidad a la que se está corriendo y se obtiene un valor de potencia.

Ahora bien, del mismo modo que la potencia aplicada a un pedal de la bicicleta repercute directamente en la distancia recorrida, la potencia que ejerce un pie al correr puede malgastarse en un desplazamiento vertical exagerado que no mueve al corredor hacia adelante. Es decir, mientras que en el ciclismo los potenciómetros ofrecen una información muy válida para entrenar y para competir, a la hora de correr su aplicación es más bien anecdótica: de los datos obtenidos se pueden sacar pocas conclusiones más allá de descubrir de que al repetir un mismo entrenamiento vemos que la potencia requerida ha sido menor o que, con la misma potencia, se ha corrido más rápido. Quizá esto cambie en el futuro, pero por ahora no es todavía un dato de gran interés para los corredores.

4. RunScribe

Este potenciómetro es especial y requiere una sección a parte, porque su función principal no es calcular la potencia (aunque ofrezca este dato), sino ayudar al análisis de la técnica de carrera.

En primer lugar, destaca porque está compuesto de dos sensores que se acoplan a los cordones de las zapatillas (los potenciómetros habituales consisten en un sensor colocado en la zona lumbar o bien están incorporados en los relojes de muñeca). Esta diferencia le confiere la posibilidad de ofrecer datos para cada pie y, por lo tanto, comparar la simetría entre un pie y el otro: distancia del paso, tiempo de contacto con el suelo, grado de pronación... Dichos datos, aunque pueden ser útiles para algunos corredores, lo son mucho para los fisioterapeutas, ya que permiten cuantificar la asimetría que existe entre ambos miembros inferiores en cuanto al rendimiento y detectar futuras lesiones a tiempo. Además, hace posible este estudio sin necesidad de un laboratorio ni un entorno concreto: el atleta puede correr por donde quiera.

También es útil para descubrir qué zapatilla se comporta mejor a un ritmo o en un terreno concretos, o bien qué valores se distorsionan más con según qué zapatilla. Por ejemplo, si una zapatilla produce un componente de pronación exagerado o si otra impacta en el suelo con más fuerza; si una zapatilla puede mantener la misma velocidad que otra pero con una menor frecuencia de zancada (lo que equivale a una mejor economía de carrera), o cómo empeoró la técnica de carrera a partir de cierta distancia, cuando la fatiga era extrema, y qué consecuencias quizá lesivas puede traer esto.

No creo que sea un *gadget* interesante para todos los corredores pero sí para aquellos obsesionados con la técnica de carrera y, sobre todo, para los fisioterapeutas que trabajan con atletas.

5. Moxy

Este *gadget*, no muy famoso todavía entre el colectivo de corredores, intenta aportar una manera diferente de conocer la intensidad del ejercicio y el grado de recuperación postesfuerzo. Para ello, mide la saturación de oxígeno en los músculos con un sensor óptico y ofrece el dato como porcentaje. Es decir, analiza las moléculas de hemoglobina que circulan por la sangre y divide aquellas que llevan oxígeno entre el total de la hemoglobina.

La diferencia entre el Moxy y los pulsioxímetros es que el primero mide la saturación en los capilares (los vasos sanguíneos más pequeños) y el segundo lo hace en las arterias (de mayor calibre). Esta diferencia otorga valores muy distintos, porque la saturación en los capilares, una vez dentro del músculo, es sensible al esfuerzo; las arterias, en cambio, tienen una saturación constante desde que salen de los pulmones (cercana al 100% si estamos al nivel del mar y en forma).

En situación de reposo, nuestra saturación de oxígeno en los músculos es del 60 al 70%. Cuando empezamos a realizar ejercicio, los músculos requieren más oxígeno y este porcentaje aumenta. Si el ejercicio es más o menos sencillo, el porcentaje se mantiene estable; si, por el contrario, el ejercicio se vuelve más intenso, es posible que el porcentaje descienda. Esto ocurre no porque el músculo no necesite más oxígeno, sino porque el cuerpo no quiere dañar al cerebro y prefiere asegurarse de que le llegue suficiente oxígeno. Los damnificados, en este caso, son los músculos y el porcentaje de saturación de oxígeno desciende.

Según sus creadores, se pueden establecer cuatro zonas de intensidad en función de esta saturación de oxígeno en los músculos:

Recuperación activa (cuando la saturación aumenta ligeramente al empezar un ejercicio y ofrece un pico).

Resistencia estructural (cuando la saturación está en su pico más alto y se mantiene, equivalente a un ejercicio aeróbico).

Resistencia funcional (cuando la saturación empieza a decaer pero puede generar otro estado más o menos estable).

Alta intensidad (cuando la saturación cae considerablemente y es difícil de mantener durante lapsos prolongados).

La ventaja de este sensor es que resulta fácil de colocar (es un lector óptico que se sitúa en la cara lateral del muslo, sujetado simplemente con unas mallas algo tensas) y proporciona una información fácil de leer. Así, por ejemplo, un rodaje suave debería situarse completamente en la zona 2; un *fart-*

lek debería alternarse entre las zonas 4 y 1; y un tempo, unas series largas o una maratón deberían situarse en la zona 3.

Por la facilidad de uso y de interpretación, es un *gadget* interesante para los corredores, pero en especial para los entrenadores, puesto que permite conocer la intensidad de cada ejercicio en tiempo real y, lo que es más importante, la recuperación. Así, un entrenador puede diseñar un trabajo de series donde el descanso no esté estipulado en minutos sino en grado de recuperación. Por ejemplo: 15 series de 1000 a ritmo de maratón y recuperando lo que haga falta (es decir, cuando el sensor Moxy muestre que se ha llegado al estado de recuperación activa). Así, al repetir este entrenamiento unas semanas más adelante no hará falta ir más rápido, sino conseguir que las recuperaciones sean más cortas.

PRENDAS COMPRESIVAS

La ropa para hacer deporte ha evolucionado mucho en los últimos años y no es el objetivo de este libro hablar de todos los materiales disponibles. Lo que sí considero necesario es hablar brevemente sobre las prendas compresivas, que presentan cierto interés.

La compresión se ha usado desde antiguo para reducir el dolor y para mejorar la postura —piénsese, respectivamente, en los vendajes y las fajas—. Siguiendo estos mismos principios, varias marcas deportivas han sacado al mercado todo tipo de prendas compresivas con objetivos similares. Entre los corredores destacan las mallas y los calcetines, pero entre levantadores de pesas se encuentran camisetas tan compresivas que hacen falta varios minutos para entrar en ellas.

1. Calcetines y perneras

Las perneras son prendas que van del tobillo a la rodilla. Es decir, cumplen la misma función que los calcetines, pero sin cubrir la parte del pie.

Su función principal es evitar la retención de líquidos en la zona distal del cuerpo, algo muy común con el paso de los años. Para entender la necesidad de estas prendas, es importante saber cómo funciona el retorno venoso: el ascenso de la sangre desde los pies hasta el corazón.

Este movimiento, en contra de la gravedad, solo puede realizarse gracias a la contracción de los músculos de las piernas, la cual presiona las venas como si fuera un tubo de pasta de dientes y envía la sangre hacia arriba. Las venas, además, tienen un sistema de válvulas que solo permite el movimiento de la sangre en sentido ascendente (si la sangre intenta descender, la válvula se cierra). Con las perneras o los calcetines de compresión se añade algo de presión exterior a las piernas, favoreciendo esa acción del tubo de pasta de dientes.

2. Mallas

Las mallas compresivas seguirían el mismo principio que los calcetines de compresión, pero la acumulación de líquidos no es exagerada en la zona de los muslos. Aquí, el efecto de la compresión está más ligado al rendimiento muscular: una articulación algo comprimida (en este caso la cadera) puede tener más dificultad para el movimiento amplio, pero mayor eficacia muscular en el rango intermedio. Dicho de otra forma, los músculos no tienen que generar fuerza para controlar la posición de la articulación y, por lo tanto, pueden gastar todo su potencial en transferir la fuerza a la zancada.

Por otro lado, la compresión reduce la vibración de los músculos, facilitando así el correcto funcionamiento de estos y evitando, en la medida de lo posible, la aparición de microrroturas. Se puede hablar, incluso, del efecto masaje de la compresión: dado que el músculo se ve imposibilitado para moverse en todas las direcciones salvo en la craneal y la caudal (hacia arriba y hacia abajo), coincidiendo con la orientación de las fibras musculares, se genera un efecto masaje en lugar de un posible efecto cizalla.

3. Auriculares

Correr con música ayuda. Varios estudios han demostrado que escuchar música mientras se corre permite esforzarse más y mejorar los tiempos. Esto es así en general, pero se puede hilar todavía mucho más fino: en realidad, es posible usar la música para mejorar la técnica de carrera y el rendimiento en cada caso concreto. Porque, con las nuevas aplicaciones para móvil, la música se adapta a las características del corredor.

Escuchar música no solo contribuye a estimular el esfuerzo, sino que además es habitual que la zancada se adapte al tempo de la canción que esté sonando. De la misma manera que las clases de spinning están programadas para pedalear al ritmo de la música, podemos hacer lo propio al correr, hasta el punto de que la música puede ser útil para incrementar o reducir la frecuencia de zancada incluso sin que el corredor se dé cuenta. Así lo han demostrado investigadores de la Universidad de Gante, Bélgica. El oído humano solo puede distinguir cambios en el tempo de la música si son superiores al 4% (por ejemplo, si una canción tiene un tempo de 160 latidos por minuto, al oído le sonará al mismo ritmo que una de 165). En cambio, para las piernas, esta variación sí es perceptible, y si se corre al ritmo de la música la zancada pasará sin problemas de 160 a 165 pasos por minuto. Y así hasta frecuencias más altas, aunque llegará un momento en que adaptarse al ritmo de la música será prácticamente imposible.

De esta manera, conociendo la frecuencia de paso personal y la frecuencia de paso objetivo, se trata de buscar listas de reproducción de un tempo concreto y salir a correr escuchando esas canciones. En el caso de que se quiera ir rápido, buscaremos canciones de más de 200 latidos por minuto y nos adaptaremos a ellas mientras duren. Es una nueva manera de hacer *fartlek*, más divertida y, quizá, más agónica.

Y si se quiere escuchar música sin tener que pensar a qué frecuencia se quiere ir, la aplicación DjRun es la solución. El acelerómetro incorporado en el teléfono detecta la frecuencia de zancada actual y utiliza las canciones de la memoria que estén en consonancia. Así de sencillo.

ALIMEN-
TACIÓN

ALIMENTA-CIÓN

08

a maratón es un evento de resistencia donde el combustible —la comida— juega uno de los papeles más importantes de cara a conseguir el éxito. No es verdad que una buena dieta te convertirá en un campeón, pero sí es cierto que una mala gestión de la comida arruinará todas tus posibilidades. Por esta razón, y para conseguir tu máximo potencial, es básico conocer las generalidades de la dieta del maratoniano y todos los porqués.

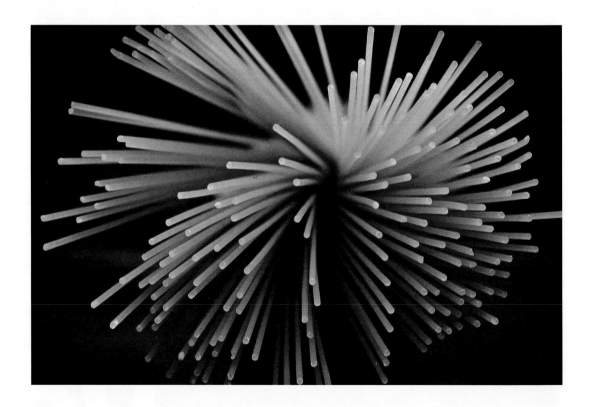

GENERALIDADES

El cuerpo humano consigue energía a partir de los macronutrientes de la dieta: de los hidratos de carbono y de las grasas. Las proteínas también pueden proporcionar energía, pero es una vía de emergencia que no conviene explotar (el uso de las proteínas se hace a expensas de la destrucción de músculo, y esto no es recomendable).

A igual cantidad de peso, las grasas generan algo más del doble de energía que los hidratos de carbono. Además, su almacenamiento no requiere agua, por lo que ahorran peso y volumen. A diferencia de lo que se podría pensar, la grasa es la mejor manera de almacenar la energía, pero tiene sus inconvenientes.

Para conseguir energía a partir de las grasas, el cuerpo necesita tiempo y paciencia. Esta energía no es inmediata y no es fácil de conseguir en momentos de elevada intensidad. Se podría comparar con el acto de encender una vela con una cerilla: el fósforo de la parte superior de la cerilla es la energía disponible de manera instantánea y que se agota enseguida (la que usan los esprinters); la madera de la cerilla es el hidrato de carbono que da energía durante un rato y con facilidad, pero que también se acaba; la vela es la grasa, que no genera una gran llama pero tarda muchísimo en consumirse. Esta es la magia de la maratón: correrla a partir de las grasas no nos permite correr tan rápido, y correrla a partir de los hidratos de carbono es insuficiente. En el equilibrio está la fórmula del éxito y en este capítulo espero dar las claves para ello.

PLATOS KENIANOS

La dieta keniana es bastante básica y muy rica en hidratos de carbono. El cereal más plantado en Kenia es el maíz y con él se elabora el plato más típico de su cocina: el *ugali*. Aunque la globalización ha producido ciertos cambios en la dieta de los kenianos, todavía es muy habitual que el *ugali* se consuma los 365 días del año en la mayoría de las casas. Más aún si en la casa hay atletas. Un corredor keniano no concibe irse a la cama sin haber cenado *ugali*, y muy a menudo viaja a las competiciones con un paquete de harina de maíz para poder prepararse *ugali* en la cocina del hotel la noche antes de la maratón.

Ugali

El *ugali* es algo así como la polenta (o las «farinetes» que mi abuela recuerda de aquella época en que todo escaseaba en España). Se prepara a base de harina de maíz y agua hirviendo, removiendo concienzudamente hasta conseguir una pasta densa e insípida.

Es hidrato de carbono en estado puro y se puede combinar con casi cualquier alimento (tiene la misma versatilidad que el arroz, por ejemplo). Los acompañamientos más habituales son las verduras, entre las que destacan unas espinacas que reciben el nombre de *sukuma wiki*, una hierba local bastante amarga que se llama *managu* y la col. En ocasiones más especiales se acompaña de carne (principalmente ternera) y en las zonas cercanas al lago Victoria y Mombasa, de pescado.

Fuera del *ugali*, que es un plato habitual durante la cena, los kenianos también son grandes consumidores de arroz y de patatas, como fuentes de hidratos de carbono. La pasta, tan común entre los corredores de todo el mundo, es poco frecuente en Kenia. De hecho, se la considera menos potente que las otras fuentes de hidratos de carbono y, por lo tanto, no es extraño que se la sirva junto al arroz.

El desayuno, por su parte, es a base de té keniano, *chai*, un té que no solo beben a la hora del desayuno sino a casi cualquier hora del día, con leche y mucho azúcar. Como acompañamiento, solo rebanadas de pan de molde, generalmente sin untar nada. Básico, sencillo y quizá algo carente de nutrientes de alta calidad.

Por ello, las proteínas son algo deficitarias en la dieta de los corredores kenianos. Sin apenas consumo de carne y pescado, sus fuentes de proteína son la leche, los huevos (aunque muchos atletas tampoco los comen) y las legumbres. Entre las legumbres más consumidas, que a menudo se sirven con arroz a la hora del almuerzo, destaca el plato llamado *githeri*.

Chai

El té keniano se prepara con leche fresca llevada a ebullición. Una vez la leche ha hervido, se añade la misma cantidad de agua y se lleva a ebullición de nuevo. Durante esa segunda ebullición se pueden añadir las hojas de té y el azúcar y esperar a que hierva de nuevo. Con paciencia, el té hierve unas tres o cuatro veces, tiempo suficiente para que toda la leche se impregne del olor y dulzor característicos.

Cuando todavía está a alta temperatura, se cuela y se conserva en termos. Se sirve cercano al punto de ebullición y se bebe a pequeños sorbos, normalmente en compañía.

El *chai* es una bebida social: se ofrece a todos los visitantes y a cualquier hora del día. Incluso los niños pequeños lo toman en la escuela, desde la guardería, aunque a temperaturas mucho más bajas.

Githeri

Este potaje keniano es potente y necesita cierto tiempo para digerirse. Aunque las variedades son amplias y difieren según la zona de preparación, los ingredientes básicos son la patata, los granos de maíz y las judías rojas. Todo ello estofado a fuego lento y durante mucho rato, y sin que la carne haga acto de presencia. Destaca, en general, el tamaño de los granos de maíz, que a menudo son más grandes que las propias legumbres.

Un plato similar es el *mukimo*, el cual contiene más patatas que judías (por lo que es menos rico en proteínas) y se sirve como puré. Los granos de maíz, de todos modos, siguen siendo grandes y visibles. La mezcla se chafa manualmente en lugar de con una batidora.

Las grasas de origen animal son casi inexistentes en la dieta keniana. Las vegetales, en cambio, abundan en la preparación de los platos. Siendo el estofado el método de cocinado más habitual, le sigue de cerca la fritura: fritura profunda para patatas fritas y dulces como el mandazi, y fritura superficial en la mayoría de los acompañamientos del *ugali* y demás platos.

Estas grasas vegetales suelen ser de baja calidad: colza, soja, maíz... En mucha menor medida se usa el aceite de girasol y, aunque se comercializa aceite de oliva en el país, es muy raro encontrarlo en la dieta de los kenianos.

Otra grasa que necesita una mención especial es el *ghee*. Esta grasa se obtiene de la nata de la leche y se prepara de forma habitual en muchas casas. Al hervir la leche, en la capa superior se forma una tela, la nata, que se separa y se guarda aparte. Cuando hay suficiente nata, se deja reposar unos días en contacto con el aire, endureciéndose a causa de la deshidratación. Para purificarla, se bate enérgicamente. La parte blanca es la proteína, que se desperdicia; la amarilla es la grasa, que se conserva aparte y se deja reposar unos días más hasta que ha perdido toda el agua que retenía. El resultado es una grasa tan pura que su olor resulta inconfundible, así como su sabor. Se usa entonces como condimento en algunos platos o para enriquecer guisos.

De la leche también se obtiene la bebida más famosa entre los corredores de la tribu kalenjin, el *mursik*. No difiere mucho del kéfir o del yogur que otras culturas llevan siglos preparando. Al fin y al cabo, el uso de las neveras es muy reciente y los humanos de cualquier rincón del mundo que han usado la leche en su dieta se las han ingeniado para alargar su vida útil. Así lo han hecho los kenianos y, en especial, los de la tribu kalenjin, que es la más corredora de todas.

El *mursik* cumple el objetivo de no desperdiciar la leche que se vuelve agria, y se prepara de la siguiente forma: una vez hervida y no consumida, la leche se guarda en contendores opacos y bien cerrados (tradicionalmente vasijas de calabaza seca, hoy en día bidones de plástico reaprovechados). Para darle un sabor especial, se unta el interior con cenizas de algunos árboles en concreto y se deja reposar la leche de tres a cuatro días. Al cortarse la leche, se retira el agua y se retiene la parte más o menos sólida, que se agita enérgicamente y se deja reposar de nuevo para que fermente.

El resultado es una bebida en general densa, con tropezones y cierto grado de acidez. Se dice que es mucho más digestiva que la leche fresca (la lactosa se ha convertido en ácido láctico), razón por la cual favorece la flora intestinal.

PLATOS ETÍOPES

Si bien Etiopía linda con Kenia y ambos dominan el atletismo de fondo mundial, la dieta de ambos países es del todo diferente. Si por un lado está la insípida y poco variada dieta keniana, por el otro está la rica y sabrosa dieta etíope, con ingredientes autóctonos que se están haciendo famosos en todo el mundo.

El macronutriente más abundante sigue siendo el hidrato de carbono, muy útil para el corredor de fondo, pero en general el consumo de proteínas y de grasas es más elevado en el país etíope que en el keniano. Parte de la singularidad del caso etíope radica en que el cereal más consumido en el país no es el maíz sino el *teff*: un cereal originario de este rincón de África que crece a cierta altura y gracias al clima ecuatorial de noches frescas y días calurosos, en suelos muy ricos y provistos de agua en abundancia durante la época de lluvias. Este cereal se caracteriza por ser muy rico en proteínas de buen valor biológico, con presencia en su composición de los ocho aminoácidos esenciales. Entre ellos, por ejemplo, destaca la lisina, que tiene una gran importancia para los deportistas al ayudar a fijar el calcio en los huesos.

Con el *teff* se pueden elaborar un buen número de platos, pero el más famoso es el *injera*, algo parecido a un crep gigante de *teff* fermentado. Y, puesto que este cereal es similar en presentación al mijo y a la quinoa —más pequeño incluso—, no hay más remedio que molerlo con la cáscara, lo que permite aprovechar todos los nutrientes presentes en ella (algo que a menudo se desperdicia en cereales de mayor tamaño). Su color varía desde el blanco hasta el rojo o marrón oscuro. Y, por si fuera poco, está libre de gluten.

Los hidratos de carbono del *teff* son de cadena larga, lo que significa que su absorción es lenta y apenas produce picos de insulina en la sangre. Este detalle es apreciado por los diabéticos pero también por los deportistas, que se benefician de un aporte de energía continuo y mantenido. De todos modos, esto también obliga a una digestión más lenta, por lo que es importante evitar el

Injera

El *injera* es el plato más famoso de la dieta etíope, aunque resulta más bien una base que un plato en sí. Su ingrediente principal es el *teff* fermentado y se cocina exactamente como si fuera un crep: se vierte la mezcla de agua y *teff* fermentado sobre una superficie lisa y caliente, con el arte suficiente para que forme una capa delgada y continua. Al contacto con el calor, la masa empieza a producir burbujas y los bordes se vuelven crujientes. Es el momento de retirarlo del fuego, ya que el *injera* solo se cocina por uno de los lados. De esta manera, se distingue fácilmente la zona en contacto con la sartén (lisa) de la zona al aire (llena de burbujas). Se conserva en porciones enrolladas de unos 10 centímetros de largo y cubiertas con un trapo para mantener el calor.

Si bien se puede comer a bocados, el *injera* se usa como pan o base para acompañar otros platos típicos de la dieta etíope: *shiro, ayib, wot...* Y, con las sobras del día anterior, se prepara *firfir*.

El *firfir* es la manera de aprovechar las sobras de *injera*. Troceando el *injera* en porciones irregulares que puedan caber en una cuchara, se fríen en una sartén con una buena dosis de aceite y de *berbere*, una mezcla de guindilla, jengibre, clavo, cilantro, pimienta roja y otras muchas especias. A veces se le añade también algo de carne, aunque esto depende mucho del calendario porque los etíopes observan la abstinencia de carne casi la mitad de los días del año.

consumo de *teff* (al menos de su modalidad fermentada *injera*) momentos antes de practicar deporte.

En cuanto al consumo de proteínas, la dieta etíope se caracteriza por ser más rica que la keniana e incluir la carne en mayor proporción, aunque con matices. La religión predominante en Etiopía es la cristiana ortodoxa, con un credo propio que promulga la abstinencia de carne —y demás productos de origen animal, como la leche y los huevos— todos los miércoles y los viernes del año, además de toda la Cuaresma, todo el Adviento y algunas fiestas concretas como la Asunción, con sus semanas anterior y posterior incluidas. Entre el consumo de carne, destaca, por muy sorprendente que resulte, la carne cruda o *tire siga*.

Las otras proteínas se obtienen de la leche, aunque su consumo directo es escaso, y de los platos de legumbre, el más famoso de los cuales es el *shiro*. Y, si bien la leche fresca es poco habitual entre los etíopes, el consumo de queso fresco, en cambio, está muy extendido y constituye un complemento habitual a los platos de *injera* y sus acompañamientos. Este queso se llama *ayib* y es de gran utilidad para neutralizar el exceso de especias que contienen el resto de los platos.

Tire siga

Este plato consiste en carne cruda de ternera cortada a tiras. Es habitual que lo preparen los hombres porque resulta un plato bien sencillo. Todos los demás platos de la cocina etíope, y en especial el *injera*, son preparados por las mujeres.

En amárico, *tire* significa «crudo» y *siga* «ternera». Si se usa otra carne, el plato pasa a denominarse *yebeg* (cordero) o *doro* (pollo), aunque en este último caso es muy raro que se consuma crudo.

Cuando la carne se prepara con gran cantidad de especias, recibe el nombre de *kitfo*. Entre las especias, también se añade una buena proporción de mantequilla casera, parecida al *ghee* que usan los kenianos. Y, si es necesario cocinar un poco la carne por gusto del comensal o para prevenir molestias estomacales, conviene conocer esta clasificación: *tire* (crudo), *mok yale* (tibio), *leb* (poco hecho), *geba yale* (al punto) y *tibs* o *yebesele* (bien hecho).

Shiro

El *shiro* es el estofado de legumbres, normalmente una combinación de haba, guisante y garbanzo, o de sus harinas. Dada la enorme cantidad de días en los que no se puede consumir carne ni productos de origen animal, este plato es casi obligado en los días de abstinencia.

El color rojo característico del *shiro* no se debe tanto a la elección de las legumbres como a las especias que lleva, entre las que destaca el *berbere*. En general, es un plato consistente con buen aporte de proteínas, en especial si se come sobre una cama de *injera*.

Por último, mientras que los kenianos son adictos al té con leche y montañas de azúcar, en Etiopía se consume mucho más el café. Y su preparación es todo un ritual que empieza con el tostado de los granos de café y continúa con el molido, la mezcla con el agua hirviendo y la decantación. Se prepara en jarrones de barro decorado y se sirve en tazas pequeñas previamente azucaradas. Se acompaña, por insólito que parezca, de palomitas.

El café no se filtra, pero, por lo general, el poso queda dentro de la jarra de barro. De todos modos, es habitual paladear cierta rugosidad en el café, en especial si después de la primera taza se toma otra.

BEBIDAS PARA DEPORTISTAS

Todo maratoniano sabe que es necesario beber a lo largo de la competición, más aún si el día es caluroso y húmedo. Lo que no está tan claro es qué se debe (o puede) beber y en qué cantidad. Porque no todas las bebidas producirán el mismo efecto en el rendimiento y algunas, incluso, pueden acarrear problemas.

Como norma general, la bebida debe contener sales minerales, estar a una temperatura agradable y proporcionar hidratos de carbono de fácil asimilación. Las sales minerales son para reponer las pérdidas de estos compuestos a través del sudor; los hidratos de carbono, para proporcionar energía que se usará en los próximos kilómetros en colaboración con la energía acumulada en el cuerpo.

La concentración de sales y de hidratos de carbono debe ser tolerable para el estómago. El agua sola es tolerable, pero no añade ninguno de los dos compuestos. Otras bebidas comerciales, por su parte, son tan concentradas que el estómago las puede rechazar (y este rechazo significa malestar y, a menudo, tener que parar para ir al baño). Por esta razón es importante saber qué bebida nos sienta bien y cuál no.

Cuantos más hidratos de carbono podamos ingerir y tolerar, mayor será la energía disponible para seguir corriendo rápido. Según los más expertos en el tema, lo ideal es consumir entre 60 y 90 gramos de hidratos de carbono por hora. Estos pueden presentarse disueltos en una bebida deportiva o a por medio de geles, en este caso de forma mucho más concentrada.

A este respecto, cabe puntualizar que el uso de geles es muy eficaz para incorporar hidratos de carbono durante la competición, pero no tanto para reponer el agua gastada con el sudor. Por esta razón, recomiendo tomar los geles mezclados con agua, o justo antes de beber agua en un avituallamiento.

Para que todo quede un poco más claro, a continuación se describen varias pautas esenciales que regulan la bebida en competición:

1. Agua

Durante el ejercicio físico, y en especial durante una maratón, el cuerpo se deshidrata y pierde agua. Cierta pérdida de agua es tolerable por el cuerpo humano, pero si esta es excesiva el rendimiento se verá afectado, y quizá también la salud. Es normal (e incluso recomendable) terminar la maratón con 2 o 3 kilogramos menos de peso. Pérdidas superiores, en cambio, empiezan a ser peligrosas.

De la misma manera que los coches de Fórmula 1 corren más con el depósito medio vacío (pesan menos), también los corredores pueden ser más rápidos y económicos en el tramo final de la carrera, por pesar menos. Esto significa que durante la carrera se debe beber agua, pero la ingesta no cumple la función de reponer todo el líquido perdido por el sudor, sino solo la de mantener la deshidratación a raya.

Los estudios sobre la materia estiman que se suda alrededor de 1 litro por hora en condiciones normales. En casos de extrema humedad este valor es más alto, hasta llegar a los citados 3 litros por hora que llegó a sudar Alberto Salazar en su preparación para la maratón de los Juegos Olímpicos de Los Ángeles 1984 (véase, en el capítulo 2, «Entrenamiento de maratón», el apartado «Calor extremo»).

Para determinar la cantidad de agua que necesita un corredor durante una maratón se debería analizar el sudor y las condiciones atmosféricas el día de la prueba. Dado que este proceso es algo complicado, mi consejo es usar el agua para calmar la sed y no beber más de la cuenta, en especial si no se tiene sed. Se puede intentar beber unos 200 mililitros de agua en cada avituallamiento, aunque esto depende mucho del ritmo del corredor. Si hablamos de un atleta de élite, cada hora puede tomar hasta cuatro avituallamientos, lo que significa 800 mililitros. Si, en cambio, se trata de un corredor que va a 4 minutos el 1000, cada hora tomará tres avituallamientos (600 mililitros).

Por lo tanto, cuanto más rápido se vaya, menos se debe beber por avituallamiento (porque el siguiente llegará muy pronto). Si se corre bastante lento, mi consejo es beber más de 200 mililitros cada 5 kilómetros.

2. Electrolitos

Con el sudor se eliminan también electrolitos, en especial sodio y potasio. Durante los avituallamientos es importante incorporar estos compuestos para el correcto funcionamiento del cuerpo humano. No hacerlo (beber solo agua) puede acarrear problemas como la hiponatremia, esto es, una baja concentración de sodio en la sangre. Esto quiere decir que, aunque se tenga sed y se beba agua, si no se complementa con electrolitos el problema puede ser mayor. Para entenderlo es necesario explicar un poco de bioquímica.

La concentración de electrolitos en la sangre y en el interior de las células es específica y debe mantenerse en equilibrio. Al sudar, se eliminan electrolitos de la sangre y el equilibrio se rompe. Si se bebe solo agua sin sales minerales (electrolitos), este desequilibrio aumenta hasta el punto de crear una situación de hiponatremia. La sangre tiene tal acumulación de agua que las ganas de parar para miccionar son el primer síntoma de que algo no va bien.

Para prevenir la hiponatremia y otros problemas relacionados con la falta de electrolitos, se recomienda tomar bebidas isotónicas. La palabra isotónica significa que tiene la misma concentración de electrolitos que la sangre: ni más (lo que produciría un exceso de sed) ni menos (lo que podría llevar a la hiponatremia).

3. Hidratos de carbono

Si bien se puede conseguir energía a partir de las grasas, las proteínas y los hidratos de carbono, solo estos últimos pueden proporcionar energía a la velocidad necesaria mientras se está practicando deporte. Y, entre los hidratos de carbono, solo aquellos simples (azúcares) son los que de verdad llegan a tiempo. Porque la carrera a pie, incluso cuando no vamos a ritmos muy altos, exige un aporte de energía continuo y eficaz. Mientras que las carreras de ultratrail permiten (y aconsejan) pararse para comer grandes cantidades de alimento, o el ciclismo permite dejar de pedalear durante un buen rato (o hacerlo a baja intensidad) mientras se ingiere alimento, la maratón funciona de otra manera: pararse es perder el tiempo; aflojar es ineficaz.

Los hidratos de carbono se pueden consumir en forma de geles o bebida. Los primeros son más concentrados y eficaces para llegar a los valores de 60-90 gramos por hora, pero son empalagosos y carentes de agua. Si se opta por los geles, es recomendable mezclarlos con agua o beber agua una vez terminado el gel.

Si los hidratos de carbono se consumen de forma líquida (mezclados con agua), es necesario conocer la cantidad de bebida necesaria para aportar los suficientes. Así, mientras que bebidas poco concentradas pueden aportar demasiada agua y poca energía, otras demasiado concentradas pueden obligar al estómago a trabajar en exceso y producir una difícil digestión.

Durante la maratón, la mejor manera de afrontar los avituallamientos es con bebidas propias: la marca que le funciona a cada uno y en la cantidad y concentración que se han demostrado eficaces en los entrenamientos. Esto es posible en muchas carreras para los atletas de élite y, a veces, también para las de subélite. Si no es tu caso, aprende a leer bien la información referente a los avituallamientos. Es habitual que una marca comercial patrocine los avituallamientos: asegúrate de conocer esa marca y practicar con ella durante los entrenamientos.

Si te convence, usa esa bebida proporcionada por la organización cada 5 kilómetros. Si, por el contrario, no te gusta, mi consejo es que lleves tantos geles en el bolsillo como necesites para consumir al menos 60 gramos de hidratos de carbono por hora. Tómate los geles antes de llegar al avituallamiento y bebe agua para ayudar a bajar el gel, además de para rehidratar el cuerpo.

Asegúrate, también, de que el gel contiene algo de sodio. Si no es así, añade una pastilla de electrolitos a mitad de carrera para evitar la hiponatremia.

DIETA DISOCIADA

En la década de 1960 se avanzó mucho en la ciencia del deporte. Uno de los temas más recurrentes fue el de la altitud. A raíz de los Juegos Olímpicos de México 1968, se estudiaron sus efectos en el rendimiento y en el entrenamiento.

Pero no fue el único tema de conversación entre los científicos del deporte. La nutrición empezó a ocupar un lugar importante en los estudios, en especial con respecto a la carrera de mayor duración: la maratón.

Después de analizar la cuestión durante algún tiempo, los científicos Jan Karlsson y Bengt Saltin publicaron en 1971 un estudio titulado «Diet, Muscle Glycogen, and Endurance Performance» (Dieta, glucógeno muscular y rendimiento de resistencia). En él pidieron a diez atletas que corrieran 30 kilómetros un par de veces (con tres semanas de recuperación entre ambas carreras). De entre ellos, un grupo mantuvo una dieta normal mientras que el otro consumía una dieta disociada. Para la segunda carrera, los grupos se intercambiaron y las conclusiones tras una biopsia muscular apuntaban a una mayor conservación de glucógeno (energía almacenada) después de la dieta disociada (35g/kg frente a 17g/kg), además de un tiempo menor en completar los 30 kilómetros.

La dieta disociada consistía en seis días divididos en dos bloques de tres. En el primer bloque, el entrenamiento intenso estaba permitido y la dieta carecía de hidratos de carbono; en el segundo, el entrenamiento intenso estaba prohibido y la dieta contenía al menos 2500 calorías procedentes de los hidratos de carbono. Según su teoría, evitar los hidratos de carbono durante tres días enviaba una señal de alarma al cuerpo para que almacenara más la próxima vez que se incorporara la dieta.

Aunque esta teoría puede ser más o menos cierta, la dieta disociada cada vez se practica menos. Parece que el almacenamiento de glucógeno (la forma que tiene el cuerpo de guardar los hidratos de carbono) se obtiene casi al mismo nivel sin necesidad de vaciar los depósitos previamente, cosa que, además, puede acarrear ciertos problemas.

Estar tres días sin consumir hidratos de carbono produce una bajada considerable de las defensas, así como un estado de fatiga generalizado que no es nada agradable a pocos días de la maratón. Esta fatiga se debe al metabolismo de las grasas: tienen mucha energía pero la liberan de manera lenta, más aún si es un sistema poco utilizado. No obstante, para entender este apartado es necesario hablar de la dieta baja en hidratos de carbono y alta en grasas (LCHF por sus siglas en inglés: *low carbohydrate high fat*).

LCHF

Tradicionalmente se han considerado los hidratos de carbono como la fuente principal de energía para los deportes de resistencia: son fáciles de consumir, almacenar y utilizar. Sin embargo, surgió la siguiente teoría, basada en parte en la antropología: si la manera más económica que tiene el cuerpo humano de almacenar energía son las grasas, ¿por qué no se usan para los deportes de resistencia? Al fin y al cabo, cada gramo de grasa almacena 9 calorías, mientras que los hidratos de carbono almacenan 4, junto a cierta cantidad de agua (que supone un lastre importante).

La respuesta a esta pregunta no es fácil y todavía se debate activamente sobre qué sustrato es mejor para los deportes de resistencia. Entre los defensores de la dieta LCHF está el renombrado científico sudafricano Tim Noakes. Su defensa de la causa es tan personal que incluso asegura no medicarse de su diabetes desde que sigue la dieta LCHF: si no se consumen hidratos de carbono (él asegura no ingerir más de 25 gramos al día), no es necesario tomar insulina porque apenas existen picos de azúcar en la sangre.

La teoría dice que durante siglos la raza humana no consumió gran cantidad de hidratos de carbono. Su dieta se basaba mucho más en la caza, que era esporádica. Las épocas de ayuno, por lo tanto, se superaban gracias a la energía acumulada en forma de grasa en el cuerpo. Porque así es como funciona el cuerpo: cuando necesita energía, usa la grasa acumulada y obtiene tanta energía como sea necesario. Hasta que la comida se convirtió en abundante y de fácil acceso, cosa que cambió nuestro comportamiento.

Como raza humana, empezamos a consumir muchos más hidratos de carbono. Y, dado que los hidratos de carbono tienen menos sabor que la grasa, se les añadió azúcar, con lo que el cuerpo modificó su manera de obtener energía: en lugar de consumir la grasa acumulada, el cuerpo envía señales de hambre al cerebro para que comamos algo, idealmente algo lleno de azúcar, ya que si está lleno de azúcar su energía es inmediata. Y así hemos llegado hasta el día de hoy. Aunque el cuerpo está lleno de energía con cierto (o mucho) acúmulo de grasa, se ha perdido el hábito de transformar esta grasa en energía. Sin embargo, este sistema se puede revertir.

Si se dejan de consumir hidratos de carbono (o se reducen hasta la mínima expresión), el cuerpo aprende a usar la grasa corporal de nuevo. Durante las dos primeras semanas, las sensaciones son raras: fatiga, malestar, dolor de cabeza, mal humor, hambre... Hasta que la situación se normaliza, el hambre desaparece y la energía fluye a raudales. Además, es muy posible que se pierda peso (incluso comiendo gran cantidad de grasas) porque se retiene menos agua y, en general, se come menos.

Todo ello hace pensar que el rendimiento deportivo mejorará, pero no siempre es así.

La falta de hambre y la pérdida de peso son buenos aliados de cara a la maratón, pero la velocidad a la que el cuerpo metaboliza la grasa acumulada es lenta. Si el objetivo es superior a las tres horas y media o incluso a las cuatro horas, puede ser una buena alternativa. Si, en cambio, se quiere correr en menos de tres horas o por debajo de las dos horas y media..., ahí el fracaso está casi asegurado.

Así pues, se pueden beneficiar de esta dieta los corredores lentos y con algo de sobrepeso, al igual que aquellos que hagan pruebas de ultrarresistencia o incluso ironmans. Pero dudo mucho que veamos algún día a un corredor de élite desayunando aguacates y panceta el día de la maratón. A altas velocidades, los hidratos de carbono son la fuente de energía ideal.

PLANES DE ENTRE-NAMIENTO

PLANES
DE ENTRE-
NAMIENTO

El mundo *online* está lleno de planes de entrenamiento para preparar cualquier tipo de carrera, especialmente los 10 000, la media maratón y la maratón. El objetivo en este libro, por lo tanto, no es redactar un nuevo plan, sino un compendio de mínimos. Y unos mínimos en formato de piezas de un puzle para que el lector se pueda organizar a su manera y confiar en conseguir sus objetivos.

Sabiendo que cada persona es un mundo, he dividido estos mínimos en tres categorías, en función del tiempo disponible y la experiencia de cada uno. Un primer grupo corresponde a los principiantes (los que acaban de decidir levantarse del sofá), un segundo a los intermedios (quienes ya hacían deporte pero de manera poco organizada) y un último grupo engloba a aquellos adictos al deporte que buscan nuevos retos y, además, tienen tiempo para dedicarse a ello.

PLAN PRINCIPIANTE

Si no has hecho deporte en tu vida o si llevas ya muchos años sin ponerte unas zapatillas, este apartado es para ti. Y estás de enhorabuena porque es mucho más fácil de lo que te podías imaginar.

Yo no soy un gurú motivador, pero lo cierto es que la resistencia (la cualidad más importante para correr desde 10 000 a ma-

ratones) es muy fácil de entrenar. Tan fácil que cualquier persona se puede llamar entrenador y tener éxito en sus planes de entrenamiento. Palabra.

Casi todo lo que hagas mejorará tu resistencia: caminar, andar en bici, nadar, jugar al fútbol o al tenis, ir al gimnasio, etc. Incluso pasear y trabajar. Es más, hacerte mayor también mejora tu resistencia (hasta cierta edad, claro). Ello se debe a que todas estas actividades aumentan el tamaño de tu corazón, mejoran el transporte de oxígeno en la sangre, aumentan el número de mitocondrias en los músculos, crean nuevos vasos sanguíneos para suministrar mejor el oxígeno a esos músculos y un largo etcétera.

Por si fuera poco, la resistencia mejora con cierta rapidez y, de esta manera, la motivación se puede mantener alta. Así, lo que al principio parecía imposible (por ejemplo, correr un par de kilómetros sin detenerse) al cabo de poco se convierte en pan comido. Solo hay un problema para mejorar la resistencia entre los principiantes: la pereza.

Si vences la pereza, el resultado será espectacular. Es tu único obstáculo, tu único enemigo. Todo lo que hagas mejorará tu resistencia, pero tienes que hacerlo. Por esta razón, lo mejor es buscar motivación y aquí vienen unos consejos:

- **Busca un grupo:** acompañado, el entrenamiento es más fácil (y escaquearse cuesta más).

- **Apúntalo en la agenda:** tener que hacer algo es más fácil que decidirse a hacer algo.

- **Ponte pequeños retos:** superar metas, aunque fáciles, nos ayuda a involucrarnos más en lo que hacemos.

- **Escoge lo que te gusta:** en el nivel principiante, todo lo que hagas mejorará tu resistencia. Si tu pasión es la zumba, ese es tu entrenamiento. No hace falta correr si no quieres.

Las piezas de tu puzle

- Contabiliza 3 horas de ejercicio a la semana.

- Contabiliza al menos una hora de ejercicio de cierta intensidad.

- Si te gusta correr, combina correr con caminar para alargar tus sesiones (y correr con mejor técnica y mayor velocidad).

- Sé constante. No te engañes.

- Aumenta una hora más de ejercicio por semana cada 3 o 4 semanas.

PLAN INTERMEDIO

Si eres un aficionado al deporte pero sin demasiada experiencia en cómo entrenar para carreras de resistencia, esta sección es para ti. Aquí se encuentran esos deportistas de fin de semana y aquellos otros que se apuntan a carreras sin saber exactamente qué entrenamiento previo es necesario para completarlas.

El objetivo principal de este grupo, de cara a mejorar la resistencia, es aumentar las horas de entrenamiento. En general, y si no existe lesión de por medio, cuantas más horas se entrene más se mejorará. Sin embargo, es necesario preservar un equilibrio: con la familia, con el trabajo, con la vida en general. No te obsesiones hasta el punto de perder horas de sueño porque aquí el beneficio disminuirá o incluso se verá neutralizado.

También debes tener en cuenta que tu estado de forma ya está algo trabajado y que no todo vale para mejorar la resistencia. Ejercicios de baja intensidad como caminar o trotar 15 minutos pueden ser muy útiles para los principiantes, pero no para ti. Necesitas estímulos de mayor intensidad para seguir produciendo beneficios en tu cuerpo. Pese a todo, cuentas con la ventaja de que la pereza no juega en tu contra: ya has superado ese reto. Ahora toca apretar las tuercas.

Las piezas de tu puzle

- Aumenta tus horas de entrenamiento hasta al menos 6 a la semana. Y considera las horas de menor intensidad (bicicleta, natación, partidos de equipo) como la mitad del tiempo empleado.

- Cuando corras, trabaja el mayor tiempo posible sobre el ritmo de competición. Eso te convertirá en un corredor eficiente.

- Al menos una vez a la semana, realiza trabajo de series o fartleks en los que corras más rápido que tu ritmo de competición.

- Si preparas maratones, incrementa progresivamente tus tiradas largas hasta completar, al menos, un entrenamiento de más de 30 kilómetros (idealmente llega hasta 35 si tu objetivo es inferior a las 3 horas en hombres y 3h20' en mujeres).

- El cansancio postentrenamiento es normal. Sin embargo, el cansancio generalizado es un síntoma de sobreentrenamiento: acuérdate de dormir y, si no llegas a las 8 horas de sueño, no aumentes el volumen ni la intensidad del entrenamiento hasta que consigas dormir más.

PLAN AVANZADO

Este plan es para aquellos corredores que se consideran expertos en la materia pero que todavía buscan algo más para mejorar. Dado que no estoy escribiendo un plan al uso, es posible incluir las piezas de mi puzle en tu programa actual de entrenamiento; ya verás como te ayuda.

Entiendo que si estás leyendo esto no te falta motivación ni base de entrenamiento. Es posible, además, que ya hayas corrido varias maratones. Por lo tanto, el objetivo para ti será pulir esos pequeños detalles que no te permiten mejorar; es decir, buscar esos flecos algo alejados del entrenamiento en sí pero con gran incidencia en el rendimiento. El primero y más importante es el descanso. Cuanto más descanses, mejor corredor serás. Pero sé que estamos en el siglo XXI y seguramente no seas un deportista profesional que se puede permitir 10 horas de sueño al día. Por lo tanto, el consejo es sencillo: si no puedes descansar más, no entrenes más (aunque sí puedes entrenar mejor). Si el plan intermedio promovía aumentar el volumen semanal de entrenamiento, en tu caso entiendo que el volumen ya es suficiente y será necesario aumentar la intensidad y la eficacia.

Los deportistas que ya llevan años corriendo tienen una buena base para el ejercicio de resistencia, lo que hace difícil aumentar más el tamaño del corazón, la capacidad pulmonar y demás características que mejoran con facilidad y rapidez entre los principiantes. Por lo tanto, para que los corredores avanzados mejoren, el objetivo principal será mejorar la llamada economía de carrera: gastar menos energía a una determinada velocidad. O, lo que es lo mismo, ir más rápido gastando la misma energía. Ello equivale a incorporar una sexta marcha a un coche de cinco velocidades.

Las piezas de tu puzle

- **Aumenta el trabajo de calidad: series, fartleks y tempo run hasta llegar al menos al 25% del total de kilómetros semanales.**

- **Polariza mucho: los entrenamientos fuertes deben ser más rápidos que tu ritmo de competición, mientras que los rodajes de complemento pueden ser tan lentos como sea necesario para que las sesiones fuertes no se resientan.**

- **Añade trabajo de fuerza y, en especial, mejora la tolerancia a la carga del tendón de Aquiles: salta a la cuerda, haz steps, termina los rodajes con progresivos de 100 metros a alta velocidad, añade cuestas cortas y rápidas y todo lo que se te ocurra para mejorar la *stiffness* del tendón.**

- **Si puedes, añade entrenamientos en altitud o en condiciones de calor extremo, pero considerando la fatiga extra que estos entrenamientos demandan y vigilando el posible sobreentrenamiento.**

- **No pierdas el tiempo: llegados a este nivel, en el que lo importante es mejorar la economía de carrera, los trabajos alternativos como nadar o andar en bicicleta no son rentables. Dedícate a correr y a descansar.**

Para saber más

Si estas piezas no son suficientes para alcanzar tus objetivos y quieres ayuda personalizada, te recomiendo visitar la app Custom Pro Training, donde superviso planes de entrenamiento especialmente diseñados para ti.

BIBLIOGRAFÍA

1. Libros sobre entrenamiento

Noakes, Tim. 2002 (4.ª ed.). *Lore of Running*. Leeds: Human Kinetics Publishers.

Rius, Joan. 2005. *Metodología y técnicas de atletismo*. Barcelona: Paidotribo.

2. Novelas sobre correr

Epstein, David. 2014. *El gen deportivo*. Madrid: Urano.

Finn, Adharanand. 2013. *Correr con los keniatas*. Barcelona: Ediciones B.

Finn, Adharanand. 2015. *The way of the runner*. Londres: Faber & Faber.

Jornet, Kilian. 2011. *Correr o morir*. Barcelona: Now Books.

McDougall, Christopher. 2011. *Nacidos para correr*. Barcelona: Debate.

Murakami, Haruki. 2010. *De qué hablo cuando hablo de correr*. Barcelona: Tusquets.

Roig, Marc. 2016. *Corre como un etíope*. Madrid: La Esfera de los Libros.

Varona, Alfredo y Serrano, Antonio. 2001. *¡Filípides existe!* Madrid: Alianza Editorial.

3. Biografías

Conijn, Frits. 2016. *Running on Empty: Life and Triumphs of Samuel Kamau Wanjiru*. Nairobi: Moran Publishers

Denison, Jim. 2004. *The Greatest. The Haile Gebrselassie Story*. Halcottsville (N. Y.): Breakaway Books.

Echenoz, Jean. 2010. *Correr*. Barcelona: Anagrama.

Rambali. Paul. 2006. *Barefoot runner. The Life of Marathon Champion Abebe Bikila*. Londres: Serpent's Tail.